Dedico este libro a:

_____

Atentamente:

_____

_____/_____/_____

HOGARES
Que Transforman
EL MUNDO

MARIO OSEGUERA

52 Temas Para Compartir en los Grupos de Amistad

Hogares que Transforman el Mundo tomo 7
Primera edición 2015
Copyright 2015
Mario Oseguera
www.riosdeaguavivaupci.com

PEDIDOS E INFORMACION:

Tels.: 909.483.1456
       909.397.0581

1395 W. Mission Blvd.
Pomona, CA. 91766

Editor: Pedro Torres
Diseño: Danny Morales

Library of Congress: Control number in process. Consignados los derechos de Autor. Prohibida su reproducción total o parcial sin permiso escrito del autor a menos que se indique otra cosa, las referencias bíblicas han sido tomadas de la versión Reina y Valera Revisada 1960. Sociedades Bíblicas Unidas

Diseño y diagramación:

"Le ayudamos a desarrollar el sueño de escribir su libro"

3313 S. Gilbert Rd, Grand Prairie   TX 75050
Tel. (214) 529 2746
www.mactorpublishing.com

Impreso en México

Printed in México

RECONOCIMIENTO

Siempre estaré agradecido con Dios por cada proyecto que él pone en mis manos, para ser compartido con Uds.

Estaré eternamente agradecido con Dios por la familia que me ha dado. Por la fuerza interior que me inyecta mi esposa Martha al creer en cada proyecto de estos, y por el cariño y comprensión de mis hijos, quienes sirven al lado mío en el ministerio que Dios me ha dado.

Reconozco y bendigo a cada uno de los pastores, iglesias, ministerios y organizaciones que adquieren este material. No solo aquí en USA sino también en Latino-América. (Especialmente, a los pastores de la Asamblea Apostólica de la fe en Cristo Jesús, a los pastores de la UPCI, a ministerios independientes, quienes nos han dado gran amor, respeto y apoyo incondicional hacia nuestro ministerio). Mi deseo es que, de la manera como la Iglesia Ríos de Agua Viva, ha crecido y se ha multiplicado, así también Uds. se extiendan para que en todo lugar, el nombre del Señor, sea glorificado en todo lugar.

Agradezco a Mactor Publishing Group; su director mi amigo Pedro Torres y su equipo de trabajo por la constancia en todos mis proyectos. Uds. han estado desde el inicio hasta hoy, donde han apoyado nuestro sueño y han estado a nuestro lado para avivar llama de la pasión.

LA ESPINA DORSAL DE LA ESTRUCTURA DE LA IGLESIA

"Hogares Que Transforman Al Mundo", es un manual de lecciones extraordinarias, trabajadas por un equipo de personas a quien Dios ha usado para trasmitir un mensaje poderoso, que tocara las vidas de los que asisten a los grupos de amistad.

Este Tomo 7 también es un manual, donde cada tema ha sido cuidadosamente preparado para desarrollarlo en las células o grupos de amistad, supliendo la necesidad y ministración de cada uno de sus participantes, en los diferentes aspectos que involucran a la vida cristiana.

Desde sus inicios en la iglesia primitiva y a través de la historia, los grupos pequeños de crecimiento han demostrado ser uno de los medios más eficaces para lograr el cumplimiento de la misión evangelizadora de la iglesia. Podemos decir que las reuniones de grupos pequeños fueron la espina dorsal de la estructura de la iglesia.

Como ya saben amables lectores, la serie "Hogares Que Transforman Al Mundo", está dirigido a pastores líderes, y a aquellos que tienen el deseo ferviente de trasmitir el mensaje de salvación, quienes encontrarán en este manual una herramienta extraordinaria para alcanzar a familias e individuos que no tienen a Jesús en su corazón.

Por lo tanto, Este libro "Hogares Que Transforman Al Mundo Tomo 7", ha sido diseñado en forma de guía para ayudarnos a entender lo que Dios nos ha comisionado a hacer; y para aprender a cómo obedecer esa comisión.

Tenemos bien claro que la iglesia primitiva se enfocó en hacer discípulos por medio de establecer una relación de compañerismo a través de los grupos pequeños. De ahí que este manual está diseñado para ayudarte a aprender a cómo hacer discípulos por medio de la relación entre familias como también unos con otros.

Pedro Torres Pereira
Editor General

PREAMBULO

El enfoque de los Grupos de hogar es una de las bases del acrecentamiento de la iglesia, su ordenación se ejerce desde los tiempos antiguos. Estos grupos llevan el mensaje de salvación a los hogares; alcanzando a los habitantes de cada sector; cumpliendo así, con la gran comisión que el Señor nos mando de id y predicar el Evangelio a toda criatura, debido al crecimiento de la población en el mundo.

Generalmente, hay mucho trabajo en las iglesias y el tiempo no es suficiente para la confraternidad que tanto se necesita. Por lo tanto, la forma más efectiva es la de las reuniones en casas, es mucho más fácil estar al tanto del cuidado y crecimiento espiritual de cada creyente cuando nos reunimos en grupos pequeños en casas, logrando así que la afirmación de todo nuevo creyente sea más efectiva.

Nuestro propósito es de seguir publicando y estableciendo el Reino de Dios, atreves de nuevos grupos-familiares en nuestra ciudad; y es nuestro deseo y oración que su ministerio pueda ser bendecido y prosperado al compartir esta visión que el Señor nos ha encomendado.

Esperamos que este manual de 52 temas, sea una herramienta de ayuda para el trabajo de los grupos en su comunidad.

Pastor Principal de Iglesia Ríos de Agua Viva
Mario Oseguera

IMPORTANTE
ANTES DE INCIAR SU TRABAJO

DINÁMICA
PARA CADA LECCIÓN

En los 52 temas de este libro, usted encontrará algunos bosquejos con un rico contenido de citas bíblicas; no es recomendable leerlas todas en el grupo, use solamente las que le arrojen más luz para la edificación.

Si no alcanza a cubrir todo el material de su bosquejo, no se preocupe; lo importante es que tenga en cuenta el tiempo especificado por su pastor para la reunión. En este libro usted encontrará temas más extensos que otros, pero el tiempo del desarrollo debe ser el mismo, buscando así que los asistentes gocen de una reunión breve, dinámica, y bendecida.

No se olvide dejar un tiempo para las preguntas y respuestas que aparecen al final del bosquejo. Una célula es muy diferente a lo que es un estudio bíblico. No descartamos la importancia de los estudios bíblicos, pero el ambiente de las reuniones celulares es muy distinto. Muchas de las citas bíblicas que aquí aparecen, solamente son para el estudio y la preparación personal del líder.

Sugerencias De Como Dirigir Cada Reunión:

El grupo celular se reúne una hora y media, una vez a la semana, el día que sea más provechoso para la iglesia a la cual asiste. Los líderes del grupo deben llegar unos 30 minutos anticipadamente, con el fin de orar y ayudar a preparar el ambiente para así recibir a las visitas.

Repartición del tiempo en la reunión celular:

1. Tiempo para compartir un aperitivo. (20 minutos)

2. Oración de iniciación. (2 minutos)

3. Bienvenida (3 minutos).

4. Cantos de alabanza y adoración. (8 minutos)

5. Dos o tres testimonios de acción de gracias (10 minutos)

6. Enseñanza (25 minutos)

7. Llamamiento a los inconversos y oración por las necesidades de los asistentes. (10 minutos)

8. Recolección de ofrendas (opcional) y oración por la ofrenda. (3 minutos) Durante este tiempo, también debe motivar a las personas para que regresen la próxima semana y traigan un invitado.

9. Nota importante: La hora de salida asignada por su pastor debe respetarse sin excepción.

Las Responsabilidades Del Pastor:

1. Capacitar y brindar apoyo:

El pastor tiene la responsabilidad de implementar diferentes tipos de adiestramiento, para que todo el liderazgo y el pueblo puedan llevar a cabo la visión de los grupos familiares. También, brindar el apoyo necesario para que los líderes puedan llegar a un nivel de excelencia en su grupo familiar.

2. Supervisión:

Se realiza mediante la revisión de las hojas de reporte, examinando si se está cumpliendo con los métodos y procedimientos del grupo familiar, de forma correcta. El pastor o el líder celular debe estar evaluando desde afuera si los líderes supervisores están visitando los grupos, llenando los formularios de evaluación y cubriendo a tiempo las necesidades que surgen en cada una de esas evaluaciones. Los supervisores deben arreglar cada problema antes de que se convierta en una emergencia.

Requisitos para que una persona abra un Grupo de Amistad y/o multiplique:

- Si es casado, tener su matrimonio en orden. (1 Timoteo 3.4)
- Tener un buen testimonio. (Hechos 6.3)
- Ser fiel y leal a Dios, y a la visión del su Iglesia. (2 Timoteo 2.2)
- Tener el Espíritu Santo. (Hechos. 1: 8)
- El líder debe vivir en santidad y amar la visión de los grupos familiares;
  su recompensa vendrá de la mano de Dios.

El trabajo de un supervisor:

El supervisor es una persona que revisa, facilita y apoya a un grupo de personas para desarrollar la misión con éxito. Los supervisores son los que observan que todo lo relacionado con los grupos familiares funcione correctamente, dentro de su responsabilidad. Los supervisores son las personas que van a proveer apoyo en el momento que se requiera, para la multiplicación de los grupos.

Las cosas que no se permiten en los Grupos Familiares:

Para que un grupo familiar funcione correctamente, hay ciertas reglas que deben respetarse, y son las siguientes:

- No se permite que la enseñanza sea dada por personas que no estén
   autorizadas por el pastor de la Iglesia.
- No se permite ningún tipo de negocios ni préstamos en el grupo familiar.
- Está prohibido criticar o hacer comentarios negativos de la Iglesia.
   (La crítica desata el juicio de Dios en nuestras vidas)
- No se permite criticar a otras iglesias o hacer comentarios negativos de
   otras religiones.
- La reunión no se puede extender más allá de la hora que ha establecido su Iglesia..

METAS Y PLANEACIÓN SEMANAL DEL GRUPO

Metas:

1. ¿Cuáles son nuestras metas para la próxima semana?
2. ¿Cuántas personas pensamos invitar la próxima semana?
3. ¿Quiénes nos comprometemos a invitar a un amigo?
4. ¿Quién llamará a las visitas para darles seguimiento?
5. ¿Cuál será nuestra fecha de Multiplicación? (Tenerlo en mente)
6. ¿Qué plan de trabajo tenemos para alcanzar nuestras metas?

Planeación:
- ¿Quién hospedará la próxima reunión?
- ¿Quién Dirige la reunión?
- Quién traerá un breve testimonio, Canto Especial o Lectura Bíblica.
- ¿Quien dará la enseñanza para los Niños?
- Antojitos y Bebidas. (Todo el grupo participa ayudando a traer lo necesario)
- Lectura Bíblica de Tarea.

El Editor General

CONTENIDO

SECCIÓN 1
- TEMA 1. El Rechazo Te Dará Rumbo **Pag. 21**
- TEMA 2. Dios Nunca Te Ha Rechazado **Pag. 27**
- TEMA 3. Como Salir Exitosamente De Una Prueba **Pag. 33**
- TEMA 4. Autocrítica **Pag. 39**

SECCIÓN 2
- TEMA 5. Una Persona Bondadosa **Pag. 47**
- TEMA 6. Cuando Se Da Esperanza **Pag. 51**
- TEMA 7. Como Hablar Con Dios **Pag. 57**
- TEMA 8. Una Invitación Al Gozo Verdadero **Pag. 63**

SECCIÓN 3
- TEMA 9. Removiendo Los Escombros De Su Vida **Pag. 71**
- TEMA 10. La Muerte Estimada Para El Pueblo De Dios **Pag. 77**
- TEMA 11. Ante Su Presencia, Con Acción De Gracias **Pag. 83**
- TEMA 12. Salvación Para Todo El Hogar **Pag. 89**

SECCIÓN 4
- TEMA 13. Las Consecuencias De Mentir **Pag. 97**
- TEMA 14. Un Dios Que Renueva Todo **Pag. 103**
- TEMA 15. La Providencia De Dios **Pag. 109**
- TEMA 16. Arreglando Tu Pasado Y Restaurando Tu Presente **Pag. 115**

SECCIÓN 5
- TEMA 17. Qué Hacer Cuando Estás En Cristo **Pag. 123**
- TEMA 18. Moldeado En La Mano De Dios **Pag. 129**
- TEMA 19. Un Encuentro Que Transforma **Pag. 135**
- TEMA 20. Una Familia Llena De Amor **Pag. 141**

SECCIÓN 6
- TEMA 21. Cuando Jesús Visita Tu Casa **Pag. 147**
- TEMA 22. Cuando Cristo Llega A Nuestro Hogar. **Pag. 153**
- TEMA 23. Un Hombre Recto En Un Mundo Torcido **Pag. 157**
- TEMA 24. Conociendo La Voz De Dios **Pag. 161**

CONTENIDO

SECCIÓN 7
- **TEMA 25.** Dependencia Total **Pag. 169**
- **TEMA 26.** Una Salvación Tan Grande **Pag. 175**
- **TEMA 27.** Usted Vive En La Zona De Combate **Pag. 179**
- **TEMA 28.** Expanda Su Visión **Pag. 183**

SECCIÓN 8
- **TEMA 29.** Abriendo La Puerta De Tu Potencial **Pag. 191**
- **TEMA 30.** La Luz De Su Presencia **Pag. 197**
- **TEMA 31.** Los Efectos De La Ansiedad **Pag. 203**
- **TEMA 32.** El Remedio Para La Ansiedad **Pag. 209**

SECCIÓN 9
- **TEMA 33.** Ojo De Águila **Pag. 217**
- **TEMA 34.** El Relajamiento Destruye El Carácter **Pag. 223**
- **TEMA 35.** Esperando con Paciencia **Pag. 229**
- **TEMA 36.** Cómo Triunfar Sobre Las Maquinaciones Del Diablo **Pag. 233**

SECCIÓN 10
- **TEMA 37.** ¡Cuán Importante Es El Nombre De Jesús! **Pag. 241**
- **TEMA 38.** El Arrepentimiento **Pag. 247**
- **TEMA 39.** El Poder De La Oración En Las Células **Pag. 251**
- **TEMA 40.** ¿La Biblia O La Tele? **Pag. 257**

SECCIÓN 11
- **TEMA 41.** El Poder De La Obediencia **Pag. 265**
- **TEMA 42.** La Dieta Espiritual **Pag. 271**
- **TEMA 43.** La Jaula De Oro **Pag. 277**
- **TEMA 44.** La Más Grande Elección De Su Vida **Pag. 283**

SECCIÓN 12
- **TEMA 45.** La Moneda Perdida **Pag. 291**
- **TEMA 46.** La Oveja Perdida **Pag. 297**
- **TEMA 47.** La Ventaja De Jugar En Casa **Pag. 303**
- **TEMA 48.** Preparación: La Llave Al Éxito **Pag. 307**

SECCIÓN 13
- **TEMA 49.** ¿Quién Me Ha Tocado? **Pag. 313**
- **TEMA 50.** Un Corazón Renovado **Pag. 319**
- **TEMA 51.** Somos Más Que Vencedores **Pag. 323**
- **TEMA 52.** Es Tiempo De Cambios **Pag. 329**

SECCION 1

TEMA 1 El Rechazo Te Dará Rumbo

TEMA 2 Dios Nunca Te Ha Rechazado

TEMA 3 Como Salir Exitosamente De Una Prueba

TEMA 4 Autocrítica

TEMA 1

El Rechazo Te Dará Rumbo

Rompehielo: ¿Recuerda alguna experiencia en la cual fue rechazado de alguna forma y eso le causó desaliento?

Escrituras: *Prov. 31:10-31; Ef. 6:1-3; 2 Tim. 1:5*

Introducción:

Cuando sufrimos a causa de algún tipo de rechazo o desilusión, con frecuencia, sentimos tal desaliento que nos hundimos en pensamientos erróneos como éstos: "Pensé que me darían ese aumento." "Lo intenté y fallé." "Tal vez me falta talento." "Nada me sale bien." Todos, de alguna forma, hemos sufrido rechazo durante el transcurso de nuestra vida, pero la pregunta es: ¿Qué hacemos al respecto?

I. Cuando El Rechazo Te Derrumba, Levántate Y Vuelve A Intentarlo

A. Muchas personas han quedado presas de los vicios a consecuencia de un rechazo; otras han ido tan lejos como el mismo suicidio. El apóstol Pablo sufrió muchos rechazos, pero no se dio por vencido.

(2 Cor.11:24-26) "De los judíos cinco veces he recibido cuarenta azotes menos uno. Tres veces he sido azotado con varas; una vez apedreado; tres veces he padecido naufragio; una noche y un día he estado como náufrago en alta mar; en caminos muchas veces; en peligros de ríos, peligros de ladrones, peligros de los de mi nación, peligros de los gentiles, peligros en la ciudad, peligros en el desierto, peligros en el mar, peligros entre falsos hermanos..."

B. Renunciamos a nuestros sueños con demasiada facilidad por no querer luchar. Cuando Dios cierra una puerta, siempre es porque tiene reservado algo mejor.

    1. Así que, sólo porque llegas a un callejón sin salida, no significa que debes bajar los brazos. Encuentra una ruta diferente y sigue avanzando. *(Exo.14:16)*

    2. Cuando una puerta se ha cerrado Dios te abrirá otra, no te impacientes y ve la nueva puerta.

II. Algunas Personas Exitosas, Gracias A Los Rechazos

    1. <u>Soichiro Honda:</u> En su s inicios, este industrial japonés, fue rechazado infinidad de veces mientras buscaba trabajo; después de ver las puertas cerradas una y otra vez, él decidió hacer sus propios inventos en su casa y así dio inicio a su propia empresa, construyendo patinetas con un pequeño motor, para finalmente terminar siendo el gran empresario de la industria Japonesa Honda Motor Company.

2. <u>Henry Ford:</u> Es hoy bien conocido por su fabricación de automóviles estadounidenses; pero no fue un éxito instantáneo. De hecho, creó cinco compañías que se fueron a la quiebra, hasta que en la sexta logró tener éxito.

3. <u>Walt Disney:</u> En sus comienzos el señor Disney fue despedido del periódico porque: "le faltaba imaginación y no tenía buenas ideas". Pero aun así él se mantuvo conectado sin desmayar, y finalmente el éxito llegó.

4. <u>Akio Morita:</u> Seguramente, por el nombre no lo reconocerán ¿Pero, qué tal si digo Sony? Pues sí, Akio fue el creador de Sony. Aunque en sus comienzos no le fue bien, eso no lo desanimó, sino que, por el contrario, trabajó más duro y logró así crear una compañía que ahora vale millones de dólares.

5. <u>Thomas Edison:</u> En sus primeros años, los profesores de Edison dijeron que era "demasiado tonto para aprender algo". A pesar de que el inventor Edison hizo 1000 intentos fallidos, finalmente dio con el diseño apropiado, que trabajó para así iluminar a la humanidad entera.

6. <u>Michael Jordán:</u> Él dijo en una entrevista: "He fallado más de 9,000 tiros en mi carrera; también perdí 300 juegos. En 26 ocasiones me confiaron el tiro ganador y lo fallé. Es por todo eso que ahora tengo éxito".

Como ven, el éxito no viene de la noche a la mañana, y como dicen muchos: "Hay que caerse y levantarse las veces que sean necesarias para poder tener éxito". Alguien dijo: "Si nunca has fracasado es porque nunca has intentado tener éxito".

III. El Éxito Puede Venir Después Del Rechazo

A. Un rechazo te puede amargar o te puede mostrar el verdadero potencial que Dios ha puesto en ti.

1. ¿Has pensado en cuántas personas encontraron su verdadero talento después que los despidieron de un trabajo? Algunos de ellos comenzaron su propia empresa.

B. A veces Dios permite que se cierre la puerta para guiarnos hacia su perfecta voluntad.

1. Cuando una puerta se cierra es porque Dios tiene otra forma diferente de obrar en ti. Da gracias a Dios por la puerta que se cerró y no llores ni le reclames porque él, conoce el presente y el futuro. Tenemos que confiar en que él, nos tiene guardados en la palma de su mano y que nos guiará siempre a lo mejor.

Conclusión:

Cuando pierdas una oportunidad, no te desanimes ni dejes de buscar. Todo depende de ti, de tu insistencia y de tus deseos de salir adelante. Las cosas pueden parecer injustas, equivocadas, pero sigue con una actitud de fe, esperando siempre mejores cosas de parte de Dios para ti.

Preguntas:

1. ¿Por qué muchas personas se hunden cuando sufren algún tipo de rechazo?

-Porque se sienten desilusionadas, su fe es quebrantada y muchas veces se da lugar a la voz del maligno, de tal forma que se pierde la confianza en sí mismo.

2. **¿Qué actitud podemos tomar cuando nos enfrentamos a algún tipo de rechazo?**

   -Confiar en que Dios siempre tiene mejores cosas para nosotros y mantenernos con un corazón perdonador.

   -No perder la fe y seguir adelante, hasta que nuevas puertas se abran.

3. **De los hombres de éxito que acabamos de mencionar, ¿Cuál fue la actitud que tomaron ante el rechazo?**

   -Se mantuvieron de pie ante el rechazo, no perdieron la fe. Cada fracaso lo vieron como una nueva oportunidad para levantarse y seguir luchando por el sueño que tenían.

Finalmente

A. Comparta la visión para el grupo según las instrucciones de sus superiores.

B. Planear la reunión para la próxima semana: Use la hoja de metas y planeación semanal del grupo. Lo anterior lo encontrara en la sección: Dinámica Para Cada Lección, página 15.

C. Dé, los anuncios y servicios de la iglesia.

Hogares Que Transforman **el Mundo**

TEMA 2: Dios Nunca Te Ha Rechazado

Rompehielo: ¿Cómo maneja Ud. cuando sientes alguien le rechaza?

Escrituras: *Isa. 53:3-4; Efe. 2:1-6; Mat. 11:28-30.*

Introducción:

Los seres humanos somos notablemente sociales. Desde que nacemos el instinto de ser parte de un grupo social, forma parte de nuestros códigos genéticos y de los sentidos de conservación.

Podemos sentirnos rechazados o discriminados por razones de raza, género, edad, nacionalidad, sexo, religión o por condiciones políticas, económicas y sociales. Nos podemos sentir excluidos por nuestros compañeros de estudio, trabajo e inclusive dentro de nuestras familias, por hermanos, padres o hijos o por el propio cónyuge. En todos estos casos el sentimiento que se experimenta es de dolor.

I. El Dolor De Ser Rechazado Por Los Suyos

A. Todo ser humano necesita satisfacer sus necesidades internas a través de 3 elementos significativos: Amor, aceptación y aprobación. Su carencia provoca rechazo. La definición de rechazo en el hebreo es: hacer a un lado, ignorar a alguien, aborrecer, o descartar a la persona. El rechazo produce heridas emocionales.

B. Es posible que algunos que han sido rechazados se metan dentro de sí mismos, como una tortuga que se esconde dentro de su concha. Ellos sienten tanto temor de enfrentar situaciones nuevas que sencillamente optan por quedarse quietos.

C. La persona que sufre rechazo pierde su identidad, tiene una baja autoestima, no se acepta a sí misma, está incapacitada para dar y recibir amor y se siente muy insegura.

II. ¿Cómo Responde La Gente Al Rechazo?

A. La gente responde generalmente al rechazo en alguna de las siguientes formas:

1. Tratan de apartarse y ser solitarios amargados.

2. Ellos llegan a creer que verdaderamente hay algo mal consigo mismos.

3. Se mueven en 3 direcciones: Se sienten rechazados, rechazan a los demás, y se auto rechazan.

4. Tratan de buscar la aprobación a toda costa, aunque esto signifique comprometer sus propias convicciones.

5. El rechazo produce sentimientos de inferioridad, temor, inseguridad, angustia, soledad, culpabilidad, sentimientos de no ser amado.

B. El rechazo, normalmente, comienza en la niñez, pues ésta es la etapa más sensible; viene de los padres, de los maestros, de los pastore s, o de cualquier otra autoridad. La mayoría de los niños, equivocadamente, harán lo que sea para evitar ser rechazados por aquéllos que están en autoridad sobre ellos.

III. Confíe En El Amor De Cristo

A. Los cristianos siempre experimentarán algún tipo de rechazo en esta vida. Jesús dijo: *"Si al padre de familia ellos llamaron Beelzebú, ¿cuánto más a los de su casa?" (Mateo 10:25.)* Jesús no tomó a pecho el rechazo que él experimentó de su pueblo, porque sabía que sus acusadores estaban equivocados.

1. Su amor profundo para con toda la humanidad, causó que él sufriera el rechazo más doloroso que jamás alguien había experimentado, al ser rechazado por aquéllos que amaba.

2. Una de las principales cosas que debemos hacer cuando somos rechazados, es examinarnos a nosotros mismos para ver si hemos sido nosotros la causa del rechazo. Esto es importante, porque nosotros a veces decimos o hacemos cosas que pueden ofender a alguien involuntariamente y eso terminará apartando a esa persona.

3. Lo segundo es considerar la fuente del rechazo. Si alguien no nos conoce personalmente, ellos no tienen base alguna para rechazarnos, y este juicio de ellos hacia nosotros no tiene valor; por tal razón, cuide su corazón de ser lastimado sin haber un fundamento.

B. Finalmente, la mejor manera de manejar el rechazo, es confiando en el amor de Cristo. La Biblia dice que aunque estábamos muertos en pecados y delitos, Cristo no nos rechazó; por el contrario, murió por nosotros en la cruz, porque nos ama.

"Aunque mi padre y mi madre me dejaran, con todo, Jehová me recogerá". Sal.27:10

Conclusión:

Jesús no vino para condenarnos o rechazarnos; él vino para darnos vida eterna. Por lo tanto, desde que Jesucristo por su grande amor y gracia nos aceptó y nos aprobó, no debemos temer el rechazo. Lo que los demás piensen o digan de nosotros no nos debería entristecer, ya que tenemos la aprobación del Rey de Reyes, quien nunca nos rechazará.

(Mat.11:28) "Venid a mí todos los que estáis trabajados y cargados, y yo os haré descansar". Él nos espera hoy con sus brazos abiertos. ¿Quieres venir a él y darle todas tus cargas?

Preguntas:

1. ¿Por qué el rechazo es una experiencia tan dolorosa?
  - Nos hace sentir inferior y poco útiles, y esto baja nuestra estima.
  - Nos hace sentir no deseados, inseguros y condenados.
  - Con frecuencia, nos trae a la memoria situaciones en que fuimos rechazados por alguien durante nuestra niñez.

2. Si el rechazo es tan doloroso, ¿por qué nosotros mismos rechazamos a personas a quienes amamos?
  - Porque en ocasiones no alcanzamos a comprender cuán destructivo puede ser el rechazo para una persona.

- Porque damos rienda suelta a nuestros sentimientos, sin pedir la dirección de Dios para obrar de la forma correcta ante una situación.

3. ¿Cómo le ayuda saber que Jesucristo nunca lo rechazará?
- Me ayuda a recobrar el valor que él me ha dado.
- Me ayuda a sacudirme del dolor y de la amargura del rechazo, y a reconocer que su amor por mí no cambia.
- Me ayuda a reconocer que a pesar de mis defectos y debilidades él puede utilizar mi vida para algo valioso.

Finalmente

A. Comparta la visión para el grupo según las instrucciones de sus superiores.

B. Planear la reunión para la próxima semana: Use la hoja de metas y planeación semanal del grupo. Lo anterior lo encontrara en la sección: Dinámica Para Cada Lección, página 15.

C. Dé, los anuncios y servicios de la iglesia.

Hogares Que Transforman **el Mundo**

TEMA 3: Cómo Salir Exitosamente De Una Prueba

Rompehielo: ¿Recuerda alguna prueba del pasado en la cual usted obtuvo la victoria?

Escrituras: Job 3:25-26; 1 Jn 4:18; Job.42:10-17; 1 Cor.10:1330.

Introducción:

Las pruebas van a ser una parte común de nuestras vidas y por ello debemos procurar aprender qué hay detrás de una prueba, porque nos ayudará a prepararnos para pasar con éxito por ella. Todos vamos a enfrentar pruebas, pero no todos tendremos éxito al transitar por ellas. Algunos fracasarán durante el proceso de la prueba, pero si usted logra vencerla, un importante porcentaje del éxito ya está garantizado.

I. Dos Clases De Pruebas: Pruebas Que Dios Permite Y Pruebas Que Nosotros Nos Buscamos

A. Job reconoce que en su corazón guardaba miedo. Veamos lo que Job dijo cuando le llegó la prueba:

(Job 3:25-26) "Lo que más temía, me sobrevino; lo que más me asustaba, me sucedió. Porque si de algo tengo miedo, me sobreviene, y me sucede lo que temo. Me sucede lo que más temía, me encuentro con lo que más me aterraba".

1. Job dijo: no me aseguré ni estuve reposado. Es interesante notar que el hombre que Dios describe como recto, justo, temeroso de Dios y apartado del mal, luego reconoce que en su corazón guardaba un miedo que no era sano, porque le quitaba la paz, la seguridad y el reposo.

B. Dios amaba a Job y recibía las ofrendas que él ofrecía, pero las recibía con tristeza porque Job las ofrecía con miedo.

1. Una vida cristiana llena de miedo sólo denuncia la presencia de un amor imperfecto.

(1 Jn 4:18) "En el amor no hay temor, sino que el perfecto amor echa fuera el temor; porque el temor lleva en sí castigo. De donde el que teme, no ha sido perfeccionado en el amor".

2. Según la Biblia, el miedo tiene un poder magnético…"el temor lleva en sí castigo" (vs. 18) ¿Cuál es el castigo que provoca el temor? Es atraer lo que se teme. Por eso Job dijo: lo que yo temía me sobrevino. Muchos viven así y no se han dado cuenta. Dios no quiere que le temamos a nada ni a nadie, porque el temor lleva en sí castigo.

II. Un Nivel De Perfección Alto No Garantiza Que Ha Despojado El Miedo

A. Job había alcanzado un nivel de perfección muy alto pero aún no había desalojado de su corazón el miedo.

1. Dios quiere la perfección de sus hijos. Veamos qué hizo Dios: Dios permitió que Satanás le quitara todo; los bienes, los hijos, la esposa e incluso la salud. Lo único que le quedaba a Job era su vida y ésta, ya no se parecía en lo absoluto a la que antes había tenido.

B. Dios nos permitió a muchos crecer en medio de la necesidad y luego le plació bendecirnos para que lo tengamos todo; pero si el tenerlo todo, nos quita la fe en el Dios que teníamos en ese tiempo de pobreza, entonces nos tiene que quitar todo de nuevo para que recuperemos lo perdido: la humildad, el reposo, la paz y la confianza en Dios.

C. Al permitir estos temores desmedidos la protección de Dios se va. Esto fue lo que le pasó a Job. Dios le rodeó de toda clase de bendiciones, pero no las disfrutó porque le aterraba el miedo a perderlo todo. Y fue precisamente que así tuvo que suceder para que Dios pudiera liberarlo de ese terrible espíritu de temor que lo atormentaba.

1. No hay nada más turbulento que tenerlo todo y carecer del reposo y la paz de Dios para disfrutarlo.

III. Las Recompensas Después De Una Prueba

A. El fin de la prueba: Ahora Job estaba listo para un nuevo nivel de bendición; había perdido el miedo, porque la prueba lo perfeccionó en el amor, ese perfecto amor que echa fuera el temor.

B. Dios aumentó al doble todas las pertenencias de Job. Cada vez que salimos con éxito de una prueba, inmediatamente entraremos por la puerta de una bendición mayor. Job.42:10-17.

C. Toda prueba tiene una puerta de salida. Cuando la prueba nos ha procesado correctamente, surge una puerta de salida que si la encontramos y cruzamos, descubriremos una puerta de bendición mayor.

(1 Cor.10:13) No os ha sobrevenido ninguna tentación que no sea humana; pero fiel es Dios, que no os dejará ser tentados más de lo que podéis resistir, sino que dará también juntamente con la tentación la salida, para que podáis soportar.

1. Toda prueba tiene como propósito procesarnos y perfeccionarnos. Si logramos salir con éxito, entonces vendrán bendiciones que sólo pertenecen al nuevo nivel espiritual que hemos adquirido. Pero si no lo logramos, tendremos que repetir la prueba una y otra vez, como le sucedió a Israel.

Conclusión:

Si una prueba se ha pasada con éxito, jamás se repetirá, ¿Por qué? Porque la razón de la prueba es arrancar del corazón el elemento que la provocó. Si nosotros queremos ir a la Nueva Jerusalén, tendremos que hacer de nuestro corazón una perla preciosa. El autor Alfredo Campoverde dijo: "Los hijos de Dios también tenemos que sufrir el dolor de las pruebas, hasta recuperar totalmente la imagen de Dios y poder reflejar en nosotros su maravillosa belleza".

Preguntas:

1. ¿Cuál ha sido su reacción cuando se ha encontrado en medio de una prueba?
   - Respuestas variadas.

2. Según su propia experiencia, ¿de qué forma le han ayudado las pruebas que ha pasado a desarrollarse en su caminar con Cristo?
   -Respuestas variadas según experiencias.

2. ¿Cómo ayudó a Job la prueba que pasó?
   - La prueba le ayudó a quebrantar sus temores.
   - Le enseñó a confiar más en Dios.
   - Aprendió también que aunque fue abandonado de todos, incluyendo las personas que amaba, la fidelidad del Señor es eterna.

Finalmente

A. Comparta la visión para el grupo según las instrucciones de sus superiores.

B. Planear la reunión para la próxima semana: Use la hoja de metas y planeación semanal del grupo. Lo anterior lo encontrara en la sección: Dinámica Para Cada Lección, página 15.

C. Dé, los anuncios y servicios de la iglesia.

TEMA 4: La Autocrítica

Rompehielo: ¿Cómo reacciona usted ante una crítica constructiva hacia su persona?

Escrituras: Lam. 3:40; 1 Co 11:28-31; 2 Co 13:5; Gal. 6:4-5; Mat.7:3-4

Introducción:

Muchos sabemos que la crítica es algo que desagrada a Dios porque puede llegar a dañar profundamente los sentimientos de la persona a quien está dirigida. Pero existe otra clase de crítica que es constructiva y que practicándola con frecuencia, nos podría evitar muchos dolores de cabeza; ésta es conocida como: "autocrítica".

I. La Necesidad De La Autocrítica

A. La autocrítica es algo que debería hacer con regularidad cada ser humano, porque nos ayuda a reflexionar en la forma que nos estamos conduciendo en nuestro diario vivir; pero, lamentablemente, la mayoría de la gente trata de ignorar sus debilidades o simplemente negarlas.

(Proverbios 16:2) "Todos los caminos del hombre son limpios en su propia opinión, pero Jehová pesa los espíritus".

B. Una forma que nos pudiera ayudar a no hablar o actuar precipitadamente sobre algo es haciéndonos las siguientes preguntas:

1. ¿Decido hacer esto porque quiero que los demás piensen bien de mí? *(Gálatas 1:10)*

2. ¿Lo estoy haciendo porque quiero recibir ganancia económica? *(Proverbios 15:16)*

3. ¿Estoy haciendo o diciendo algo malo porque pienso que nadie se enterará? *(Hebreos 4:13)*

4. ¿Continúo en algún pecado sin arrepentirme?

5. ¿Tengo falta de voluntad para cambiar patrones pecaminosos?

6. ¿En cuántas ocasiones me he negado a mí mismo hoy?

7. ¿Mi vida y mis palabras han honrado a nuestro Señor Jesucristo?

Como vemos, tenemos tantas cosas en las cuales trabajar en nuestras vidas, que sería un pecado querer arreglar la vida de los demás cuando estamos descuidando la nuestra.

II. La Necesidad De Ayuda Divina

A. Necesitamos hacernos un auto examen para santificar nuestras vidas:

Sal. 139:23, 24. "Examíname, oh Dios, y conoce mi corazón; Pruébame y conoce mis pensamientos; Y ve si hay en mí camino de perversidad, Y guíame en el camino eterno".

B. Juan Wesley dijo que Juan Fletcher era el hombre más santo que había conocido en Europa y en América; y que lo era porque diariamente se examinaba para saber si su proceder estaba de acuerdo con los planes de Dios, para lo cual se hacía las siguientes preguntas:

1. ¿Desperté espiritualmente y tuve cuidado de guardar mi mente de pensamientos errantes, cuando me levanté esta mañana?

2. ¿Me he acercado a Dios en oración o he dado lugar a la pereza y a la desidia espiritual?

3. ¿He andado hoy por fe, y he procurado ver a Dios en todas las cosas?

4. ¿Me he negado a mí mismo al usar palabras y al expresar pensamientos poco bondadosos?

5. ¿Me he debilitado espiritualmente al ver que prefieren a otros en mi lugar?

6. ¿He aprovechado mi tiempo precioso, mis fuerzas y mis oportunidades según la luz que Dios me ha dado?

7. ¿Qué he hecho hoy por las vidas y por las almas de los santos?

8. ¿He gobernado bien mi lengua, recordando que en la multitud de palabras no falta pecado?

Conclusión:
Si con frecuencia tomamos el tiempo necesario para examinar nuestro corazón a la luz de la palabra de Dios, sin lugar a duda que nos ayudará a mejorar en todas las áreas de nuestra vida. Tome el tiempo para hacerlo, recordando siempre que la autocrítica es necesaria para poder reconocer la condición de nuestro corazón y mejorar nuestros caminos.

Preguntas:

1. ¿Con que frecuencia toma usted tiempo para la autocrítica?

- Respuestas variadas-

2. ¿Por qué es tan importante que con regularidad dediquemos tiempo a la autocrítica?

- Porque nos ayuda a reconocer en qué áreas estamos fallando y a mejorar nuestro proceder.

3. Juan Wesley se hacía ocho importantes preguntas diariamente en cuanto a su caminar con Dios. ¿De qué forma su vida mejoraría si hiciera lo mismo?

- Respuestas variadas.

Finalmente

A. Comparta la visión para el grupo según las instrucciones de sus superiores.

B. Planear la reunión para la próxima semana: Use la hoja de metas y planeación semanal del grupo. Lo anterior lo encontrara en la sección: Dinámica Para Cada Lección, página 15.

C. Dé, los anuncios y servicios de la iglesia.

SECCION 2

TEMA 5 Una Persona Bondadosa

TEMA 6 Cuando Se Da Esperanza

TEMA 7 Como Hablar Con Dios

TEMA 8 Una Invitación Al Gozo Verdadero

TEMA 5
UNA PERSONA BONDADOSA

Rompehielo: Cuéntenos de alguna experiencia donde alguien lo trató con bondad. ¿Qué fue lo que percibió?

Escrituras: Gál. 5:22; Sant.4:17; Gal.6:9-10; 1 Sam. 24:17-18

Introducción:

La palabra del Señor nos dice que… "el fruto del Espíritu es bondad..." (Gálatas 5:22). ¿Qué es bondad? Bondad es una palabra griega que quiere decir: deseo de ser bueno y de hacer el bien a los demás. La bondad es una combinación de justicia y amor; es ser amable de carácter y buscar siempre hacer el bien a alguien. Una virtud dispuesta a la acción, una combinación entre ser bueno y hacer lo bueno.

Mario Oseguera

Manifestar El Fruto De La Bondad Es:

I. No Practicar El Mal

A. Cada día recibimos la oportunidad de hacer el bien. Dios siempre nos presenta situaciones donde podemos ejercitar el fruto de la bondad; el problema es que muchas veces las ignoramos. *(Gal.6:9-10)*

B. Pídale al Señor que lo relacione con alguien en este día, con alguna necesidad, para que usted pueda practicar el bien. Sea un creyente hacedor del bien. Aunque le hayan traicionado o pagado mal por bien, siga obrando con bondad, que a su tiempo recogerá lo sembrado, pues el Señor le recompensará.

C. No seamos como los que se pasan todo el día diciendo: mi necesidad, mi problema, mi circunstancia; todo es mí, mí y mi. Es nuestra responsabilidad cambiar esa mentalidad y ocuparnos de hacer el bien a otros, para que el fruto del Espíritu Santo se desarrolle en nuestra vida.

D. La bondad nos da una conciencia limpia, una sonrisa interior, y una personalidad que atrae a otras personas.

E. Dios es un Dios bueno; vino a la tierra para hacer de nosotros personas benignas, y darnos una conciencia limpia. Nuestro Señor Jesucristo siempre estuvo rodeado por las multitudes. Su personalidad fue y es un imán de amor y bondad.

II. Calidad en lo Bueno

A. Nuestros pensamientos deben ser buenos, como también nuestras palabras y nuestro trato con el semejante. Como creyentes, cada día debemos realizar cosas buenas.

(1Tes.5:15) "Mirad que ninguno pague a otro mal por mal; antes, seguid siempre lo bueno unos para con otros, y para con todos".

1. La Biblia nos declara que José trató bien a sus hermanos quienes actuaron mal contra él. *(Génesis 37:18-20; 45:15).*

2. Moisés oró por la sanidad de su hermana María, la cual recibió lepra como juicio al murmurar contra el ungido de Dios *(Números 12:3-13).*

3. David respondió con bondad a la perversidad que Saúl le había manifestado. *(1 Samuel 24:17-18).*

B. Como creyentes, tratemos con bondad a los demás. Seamos buenos jefes y buenos empleados; buenos renteros y buenos inquilinos; buenos maridos y buenas esposas; buenos pastores y buenas ovejas.

Conclusión:

¿Cómo describe usted el fruto de la bondad en su vida? ¿Es usted una persona que gana amigos e influye sobre ellos? ¿Se enoja con mucha facilidad? No hacer lo bueno es tan pecaminoso como practicar lo malo.

(Sant.4:17) "y al que sabe hacer lo bueno, y no lo hace, le es pecado".

Aunque le hayan traicionado o pagado mal, siga haciendo el bien, que a su tiempo recogerá lo sembrado, pues el Señor se encargará de recompensarle. La bondad es el fruto del Espíritu, que nos da una sonrisa limpia, una expresión cálida y una apariencia atractiva a los demás.

Preguntas:

1. **¿Cuáles son los beneficios que experimentamos cuando alguien nos ha tratado bondadosamente?**
   - Nuestra fe es alimentada por esos hermosos actos de bondad.
   - Nos motiva a hacer lo mismo.
   - Sentimos paz y regocijo en el corazón al saber que esto es agradable a Dios

2. **¿Cómo debemos responder cuando somos víctimas de injusticia o malos tratos?**
   - Como respondieron José, Moisés y David; con misericordia, bondad, y con un corazón perdonador.
   - Venciendo con el bien el mal que nos han hecho.

3. **¿Cuáles son los beneficios de tener un corazón bondadoso?**
   - El Señor dice en su palabra que seremos prosperados y exaltados.
   - No habrá cabida en nuestro corazón para el egoísmo; porque uncorazón bondadoso siempre buscará la forma de ayudar y servir a los demás.
   - Tendremos paz y gozo en el corazón.

Finalmente

A. Comparta la visión para el grupo según las instrucciones de sus superiores.

B. Planear la reunión para la próxima semana: Use la hoja de metas y planeación semanal del grupo. Lo anterior lo encontrara en la sección: Dinámica Para Cada Lección, página 15.

C. Dé, los anuncios y servicios de la iglesia.

TEMA 6: CUANDO SE DA ESPERANZA

Rompehielo: Cuando usted ha estado desalentada, ¿A qué persona Dios ha utilizado para darle ánimo?

Escrituras: Prov. 25:11; 1Tes.5:11-14; Hech.20:35

Introducción:

Cuando una persona se siente animada, puede enfrentar gigantes y sobreponerse a una adversidad increíble. Pocas cosas ayudan a una persona como el buen ánimo. El buen ánimo es reconocido como: el oxígeno del alma.

William Ward solía decir: «Critíqueme, y quizás no me caiga bien. Ignóreme, y a lo mejor no lo perdone. Aníememe, y no lo olvidaré nunca».

I. Cómo Llegar A Ser Un Sustentador Natural

A. A muchos se les dificulta ser amorosos y positivos con otros, sobre todo si el ambiente en el que crecieron no era particularmente estimulante. Pero Dios nos creó como agentes de superación, y cualquiera puede llegar a ser un buen alentador y añadirle valor a otros.

B. ¿Cómo podemos nutrir e influenciar la vida de otros? He aquí algunos consejos:

1. *Comprométase a convertirse en sustentador*. Propóngase ayudar a las personas a cambiar. La indiferencia hacia los demás nos empobrece y nos trae fracaso.

2. *Crea en las personas*. Deles su confianza y su esperanza, y ellas harán todo lo que puedan para no defraudarlo.

3. *Dé sin esperar nada a cambio*. Al observar su propia vida, se percatará de que los mejores instantes que vivió fueron los momentos cuando hizo cosas para otros en amor. *(Hec.20:35)*

4. *Bríndeles oportunidades*. A medida que las personas a quienes sustenta logran fortalecerse, deles más oportunidades para crecer y tener éxito.

II. Elogiar Producirá Aliento En Los Demás

A. La persona que da ánimo se convierte en alguien influyente, porque la estima es la clave más importante para el comportamiento de la persona.

1. La mayoría de las personas, aunque tengan siete o cincuen-

ta años, pueden requerir ayuda con su autoestima. A todos ellos les encantaría que les aumentaran su sentido de identidad.

2. Hay muchos hijos que perdieron su sentido de identidad porque nunca lo recibieron de sus padres; y un poco peor, les hemos tildado de inútiles e ignorantes.

3. De igual manera, es importante que los cónyuges hagan sentir a su pareja como una persona amada y de igual valor.

III. No Se Enfoque En Los Defectos

A. La mayoría de las personas recibe comentarios negativos y críticas; con tanta frecuencia sucede esto que sin darse cuenta comienzan a perder su valor. Todo ser humano necesita ser nutrido con ánimo y esperanza.

B. Las cosas personales que llevaba Abraham Lincoln la noche que lo mataron, eran un pequeño pañuelo con un bordado; un estuche de lentes reparado con hilo de algodón y un recorte amarillento de periódico que celebraba sus logros como Presidente. Este recorte comienza diciendo así: *"Lincoln es uno de los grandes estadistas de todos los tiempos"* Lincoln enfrentó una crítica severa mientras ocupaba su puesto, y le habría sido fácil desanimarse por completo. Ese artículo, gastado de tanto leerlo, indudablemente lo ayudó durante tiempos muy difíciles; lo nutrió y lo ayudó a retener su perspectiva.

C. Alguien enfatizó: «Trate a un hombre como aparenta y lo empeorará. Pero trátelo como si ya fuera lo que potencialmente pudiera ser, y hará que sea lo que debe ser.

D. Cuando las personas tienen esperanza, no se sabe cuán lejos pueden llegar.

1. Desarrolle un medio ambiente sustentador en su hogar, su negocio, o en la iglesia. Que su meta sea hacer que quienes lo rodean se sientan amados, respetados y seguros.

2. Comprométase a eliminar toda crítica negativa de su manera de hablar, y busque sólo cosas positivas para decirle a otros.

Conclusión:

Escoja dos o tres personas para animarlas este mes. Envíeles una nota breve, escrita a mano, cada semana. Póngase al servicio de estas personas y dé su tiempo sin esperar nada a cambio. A final de mes, examine su relación con ellos para ver si hay un cambio positivo.

Arregle los puentes. Piense en alguien con quien haya tenido la tendencia a ser negativo en el pasado. (Puede ser un colega, un familiar, o un empleado) Vaya a esa persona y discúlpese. Encuentre, entonces, la cualidad que más admira de esa persona y dígasela. Durante las siguientes semanas, busque maneras de fortalecer las relaciones.

Preguntas:

1. ¿Cómo cambia la perspectiva de una persona cuando recibe aliento y esperanza?
- Esa persona se sentirá animada a seguir luchando, y puede llegar muy lejos en las metas que se proponga.
- Su fe será fortalecida y sus fuerzas renovadas.

- Volverá a sentir fe y confianza en Dios, y en sí mismo para levantarse de su fracaso o pérdida.
- Su autoestima será levantada.

2. ¿Qué sucede cuando una persona no recibe palabras de aliento y esperanza?
- Corre el riesgo de no levantarse de su fracaso.
- Perderá la confianza en sí mismo y su autoestima decaerá.
- Será tentado a creer que no tienen valor sus esfuerzos.

3. Ahora que usted entiende el valor de recibir y dar palabras de ánimo y esperanza a otros, ¿Qué hará al respecto? - Respuestas variadas.

Finalmente

A. Comparta la visión para el grupo según las instrucciones de sus superiores.

B. Planear la reunión para la próxima semana: Use la hoja de metas y planeación semanal del grupo. Lo anterior lo encontrara en la sección: Dinámica Para Cada Lección, página 15.

C. Dé, los anuncios y servicios de la iglesia.

TEMA 7: COMO HABLAR CON DIOS

Rompehielo: ¿Cuáles considera usted que son los beneficios de tener un buen amigo?

Escrituras: Mt. 6:9-13; 2Cron. 7:14; Mar.11:25; 1 Ped. 3:7

Introducción:

La práctica de la oración es sumamente importante en la vida de cada creyente. Orar es hablar con Dios, como se habla con el mejor de los amigos. No se puede caminar con un amigo sin platicar con él. Dialogamos con Dios porque él nos ama y camina con nosotros, y nosotros caminamos con él.

I. La Oración Es Una Disciplina

A. La necesidad de orar. Es necesario establecer el hábito de orar, dando gracias al Señor antes de cada comida, en lugar público o privado; antes de acostarse por la noche y al levantarse por la mañana. Hágase el hábito de apartar un tiempo específico durante el día para orar y leer la Biblia. Esa oración puede ser de algunos minutos, o hasta media hora o más; según usted vaya creciendo en Dios.

   1. Al orar nos humillamos ante Dios, reconociendo nuestra necesidad de él. *2Crón.7:14 "si se humillare mi pueblo, sobre el cual mi nombre es invocado, y oraren, y buscaren mi rostro, y se convirtieren de sus malos caminos; entonces yo oiré desde los cielos, y perdonaré sus pecados, y sanaré su tierra".*

   2. La oración es esperar en el Señor. *Sal.40:1 "Pacientemente esperé a Jehová, Y se inclinó a mí, y oyó mi clamor. Y me hizo sacar del pozo de la desesperación, del lodo cenagoso; Puso mis pies sobre peña, y enderezó mis pasos".*

   3. La oración es pedir a Dios provisión para las cosas que necesitamos. *Mt.7:7-8 "Pedid, y se os dará; buscad, y hallaréis; llamad, y se os abrirá. Porque todo aquel que pide, recibe; y el que busca, halla; y al que llama, se le abrirá".*

   4. La oración es pedir a Dios que perdone nuestros pecados. *(Mt. 6:12) "Y perdónanos nuestras deudas, como también nosotros perdonamos a nuestros deudores".*

B. En la Biblia, claramente vemos que Dios nos ordena orar. Pero la oración debe ser con fe, no dudando nada y conforme a la voluntad de Dios. *(Heb. 11:6) "Pero sin fe es imposible agradar* a Dios; Porque es necesario que el que se acerca a Dios crea que le hay, y que es galardonador de los que le buscan". (Santiago 1:6) "Pero pida con fe, no dudando nada".

II. Estorbos En La Oración

1. Indisposición al perdón. *(Mar.11:25-26)* *"Y cuando estéis orando, perdonad, si tenéis algo contra alguno, para que también vuestro Padre que está en los cielos os perdone a vosotros vuestras ofensas. Porque si vosotros no perdonáis, tampoco vuestro Padre que está en los cielos os perdonará vuestras ofensas".*

2. El orgullo. *(Sal 138:6)* *"Porque Jehová es excelso, y atiende al humilde, más al altivo mira de lejos".*

3. Pecado sin confesar. *(1 Jn.1:8)* *"Si decimos que no tenemos pecado, nos engañamos a nosotros mismos, y la verdad no está en nosotros. Si confesamos nuestros pecados, él es fiel y justo para perdonar nuestros pecados, y limpiarnos de toda maldad".*

4. Relaciones malas en su matrimonio. *(1Ped. 3:7)* *"Vosotros, maridos, igualmente, vivid con ellas sabiamente, dando honor a la mujer como a vaso más frágil, para que vuestras oraciones no tengan estorbo".*

III. La Respiración Espiritual

A. El principio de la "Respiración Espiritual" proviene de *Fil.4:6:* *"Por nada estéis afanosos, sino sean conocidas vuestras peticiones delante de Dios en toda oración y ruego, con acción de gracias. Y la paz de Dios, que sobrepasa todo entendi-*

miento, guardará vuestros corazones y vuestros pensamientos en Cristo Jesús".

B. La respiración espiritual (oración), nos ayuda a sacar todo estrés, toda impureza y todo temor.

Conclusión:

Si tomamos tiempo para orar, todo nuestro ser será fortalecido. La oración es un oasis de descanso para nuestras almas. Es necesario practicar la oración todos los días pues es la llave para que nuestras necesidades sean suplidas y para mantenernos en comunión con Dios. Así como la respiración mantiene al cuerpo con vida, de la misma forma la oración mantiene con vida nuestro ser espiritual.

Preguntas:

1. ¿Qué clase de recompensa ha recibido usted por medio de la oración?

- Dios da respuesta a las necesidades.
- Fortaleza espiritual.
- Perdón por faltas cometidas.
- Sabiduría para tomar decisiones correctas.
- Restauración de relaciones rotas, con familiares u otras personas.

2. ¿De qué manera la oración afecta nuestras vidas?

- Nos ayuda a tener más confianza en Dios en medio de los problemas.

- Nos ayuda a vencer las tentaciones de la carne.
- El oído de Dios se inclina a nuestra oración.

3. ¿Qué debemos evitar para que nuestra oración no sea estorbada?

- Pecados ocultos.
- Orgullo y falta de perdón.
- Obrar con injusticia a nuestro prójimo.
- Tratar mal a nuestro cónyuge, etc.

Finalmente

A. Comparta la visión para el grupo según las instrucciones de sus superiores.

B. Planear la reunión para la próxima semana: Use la hoja de metas y planeación semanal del grupo. Lo anterior lo encontrara en la sección: Dinámica Para Cada Lección, página 15.

C. Dé, los anuncios y servicios de la iglesia.

TEMA 8: UNA INVITACIÓN AL GOZO VERDADERO

Rompehielo: ¿Cuéntenos alguna experiencia especial donde su corazón rebozó de alegría?

Escrituras: Salmo 34:1-4; Salmos 4:7; Gálatas 5: 22-23

Introducción:

El gozo y la felicidad son las cosas que el hombre más anhela. Pregúntele a cualquier persona qué es lo que más desea en la vida, y muchos de ellos le dirán: "Felicidad". Sin embargo, solamente uno de cada cinco americanos consideran que son felices.

I. El Verdadero Gozo Sólo Viene al Estar En Paz Con Dios

A. La felicidad de muchos depende de lo que está sucediendo en su vida. Por ejemplo, cuando todo va bien estamos contentos; pero cuando la situación es distinta, la felicidad se evapora. Lo que la gente necesita es una felicidad que no dependa de las circunstancias de la vida. El problema del hombre es que él quiere alcanzar la felicidad marginando a Dios de su vida. No obstante, el verdadero gozo se encuentra cuando hay una relación con Dios.

B. David entendió que el gozo verdadero sólo podía venir de Dios. *(Salmo 51:8,12) "Hazme oír gozo y alegría, y se recrearán los huesos que has abatido. No me eches de delante de ti, y no quites de mí tu santo Espíritu. Vuélveme el gozo de tu salvación, y espíritu noble me sustente".*

C. Mucha gente vive feliz porque tiene una buena posición social: dinero, comodidad, trabajo exitoso, casa confortable, automóvil; su alegría es material. El gozo del cristiano no se sustenta en los bienes que posee, sino en lo que tiene espiritualmente. En Cristo tenemos todas las bendiciones espirituales *Efes. 1:3 "Bendito sea el Dios y Padre de nuestro Señor Jesucristo, que nos bendijo con toda bendición espiritual en los lugares celestiales en Cristo,…"*

D. Dios había puesto alegría en David por encima de la mucha abundancia de los ricos. *(Salmos 4:7) "Tú diste alegría a mi corazón, mayor que la de ellos cuando abundaba su grano y su mosto".* La realidad es que Dios es quien da el verdadero gozo en nosotros. . Si esperamos obtener lo material para estar felices, constantemente estaremos en bancarrota.

II. El Gozo Del Señor, Es El Resultado De La Obra Del Espíritu Santo En Nosotros

1. *(Gal. 5: 22) "Mas el fruto del Espíritu es amor, gozo, paz, paciencia..."* Dios quiere que experimentemos el gozo del Espíritu Santo. El gozo verdadero es la misma presencia del Espíritu Santo en el corazón del creyente.

2. *Filipenses 4: 4; "Regocijaos en el Señor siempre. Otra vez digo: ¡Regocijaos!"*

3. *Romanos 14: 17; "porque el reino de Dios no es comida ni bebida, sino justicia, paz y gozo en el Espíritu Santo". Nehemías 8: 10; "...el gozo del Señor es vuestra fortaleza".*

4. *Isaías 12: 6; "Regocíjate y canta, oh moradora de Sión, porque grande es en medio de ti el Santo de Israel".*

5. *Hechos 13: 52; "Y los discípulos estaban llenos de gozo y del Espíritu Santo".*

6. *Juan 15:11; "Estas cosas os he hablado, para que mi gozo esté en vosotros, y vuestro gozo sea cumplido".*

III. El Gozo Del Señor Ha De Ser Manifiesto

A. Gozarse en la presencia del Señor en alabanza y danza es algo que agrada a Dios. Veamos y tomemos algunos ejemplos de la Biblia:

1. *"El rey David y toda la casa de Israel danzaba con toda su fuerza delante de Jehová..." (2 Samuel 6: 5, 12-16).*

2. *(Exo.15: 20) "Y María la profetisa, hermana de Aarón, tomó un pandero en su mano, y todas las mujeres salieron en pos de ella con panderos y danzas".*

3. *(Sal.149: 3-4) "Alaben su nombre con danza; Con pandero y arpa a él canten. 4 Porque Jehová tiene contentamiento en su pueblo...".*

4. *(Sal.150: 3) "Alabadle a son de bocina; Alabadle con salterio y arpa. 4 Alabadle con pandero y danza...".*

B. Desafortunadamente, hay muchos creyentes que nunca se ven sonriendo. La Biblia dice *(Prov. 15:15) "que el corazón contento tiene un banquete continuo y (Prov.17:22) El corazón alegre constituye buen remedio; Mas el espíritu triste seca los huesos".*

1. En otras palabras, el gozo del Señor es una medicina continua para nuestro espíritu.

C. El gozo del Señor no es una emoción fluctuante (que viene y va), es el resultado de la presencia del Espíritu Santo viviendo en nuestras vidas. Esto hace tener fortaleza en nuestras vidas, aún en las circunstancias más difíciles. Y todo depende en nuestra relación con Jesús.

Conclusión:

Una vida de agradecimiento es clave para experimentar el gozo del Señor. Cuando vivimos agradecidos del Señor, estamos admitiendo y reconociendo que nuestro Dios está en control de todo, a pesar de que a veces no pueda parecerlo. Cuando vivimos en total agradecimiento, la paz de Dios inunda nuestros corazones.

¿Qué situación hay en su vida que está queriendo apagar su gozo? El gozo del Señor no está sujeto a las circunstancias; antes, hace que las circunstancias se sujeten a él.

Preguntas:

1. ¿Por qué muchas personas tratan de encontrar su felicidad en los bienes materiales?

- Porque no conocen el verdadero gozo que se encuentra en Jesucristo.

2. ¿Cómo puede una persona recibir el verdadero gozo en su vida?

- Acercándose a Dios y recibiendo a Jesucristo en su corazón.
- Pidiendo al Espíritu Santo que le llene, porque el verdadero gozo es fruto que proviene de él.

3. ¿De qué forma el gozo del Señor ha sido su fortaleza en tiempo de pruebas?

- Respuestas variadas.

Finalmente

A. Comparta la visión para el grupo según las instrucciones de sus superiores.

B. Planear la reunión para la próxima semana: Use la hoja de metas y planeación semanal del grupo. Lo anterior lo encontrara en la sección: Dinámica Para Cada Lección, página 15.

C. Dé, los anuncios y servicios de la iglesia.

SECCION 3

TEMA 9 — Removiendo Los Escombros De Su Vida

TEMA 10 — La Muerte Estimada Para El Pueblo De Dios

TEMA 11 — Ante Su Presencia, Con Acción De Gracias

TEMA 12 — Salvación Para Todo El Hogar

TEMA 9: REMOVIENDO LOS ESCOMBROS DE SU VIDA

Rompehielo: ¿Qué tan seguido usted acostumbra limpiar su carro o su casa?

Escrituras: 2 Corintios 5:17

Introducción:

¿Qué es ser cristiano? Ser cristiano es ser una persona renovada, como resultado de un encuentro directo con nuestro señor Jesucristo. En este pasaje bíblico que hemos leído hay verdades espirituales muy importantes, que conviene que las consideremos.

Mario Oseguera

I. Una Decisión Personal… (Si alguno)

A. Estas palabras hablan en general. "Si alguno…" Este llamado no se limita a cierta categoría de individuos. En algún momento de nuestra vida, todos hemos soñando con tener un día la oportunidad de volver a empezar. La Biblia nos dice que cualquiera puede ser una nueva persona, por supuesto que estando en el lugar correcto.

II. El Lugar Correcto… (Si alguno está en Cristo)

A. Notemos que no es sólo oír de Cristo o estar en una iglesia que hable de Cristo, sino "estar" en Cristo.

1. Uno puede "creer" en el partido demócrata y sin embargo no estar en él.

2. Uno puede "pertenecer" a un equipo de basquetbol y sin embargo nunca "estar" en el equipo.

3. Uno puede estar en la Iglesia pero no estar en Cristo.

B. Fuera de esta relación no puede haber nueva vida.

III. Los Resultados De Estar En Cristo… (Nueva criatura)

A. "Nueva criatura". Nótese que no dice: diferente, distinta o mejor. Sino: "nueva". Una creación perfecta, llena de potencial, prometedora, exclusiva y directamente de Dios.

B. ¿Qué áreas de la vida son hechas nuevas? Respuesta: ¡Todas!

1. Su vida espiritual. Surge un interés por las cosas espirituales y un rechazo de todo aquello que es malo, pecaminoso y ofensivo a Dios. Nuestro espíritu ya no lo digiere y en cuanto fallamos nos sentimos mal.

2. El carácter. La persona ahora es controlada por el amor, la bondad, la compasión y la misericordia.

3. La manera de hablar. Ya no usa la profanidad ni la vulgaridad a que estaba habituado; ahora habla con dignidad.

4. Sus valores. Ya no son aquellos que determina el mundo. Nuestros valores ya no se centran en el egoísmo sino en el reino de Dios y en las necesidades del prójimo.

IV. Eliminación De Los Escombros (Las cosas viejas pasaron)

A. Casi en todos los pasajes en los cuales Dios habla de hacer las cosas nuevas, habla de la desaparición de las cosas viejas, por ejemplo:

1. Dios dijo al pueblo de Israel: *"No os acordéis de las cosas pasadas, ni traigáis a memoria las cosas antiguas. He aquí que yo hago cosa nueva..."(Is.43:18,19).*

2. *Apocalipsis 21:5 "Y el que estaba sentado en el trono dijo: He aquí, yo hago nuevas todas las cosas. Y me dijo: Escribe; porque estas palabras son fieles y verdaderas". (Fil. 3:13)*

B. Nótese que *2 Cor.5:17 d*ice primero *"las cosas viejas pasaron"* y luego se añade *"he aquí todas son hechas nuevas".*

1. Para que un terreno dé fruto, debe desaparecer toda maleza. Esta verdad la afirmó el Señor cuando dijo:

> *"Nadie echa vino nuevo en odres viejos; de otra manera, el vino nuevo rompe los odres, y el vino se derrama, y los odres se pierden; pero el vino nuevo en odres nuevos se ha de echar". (Mr.2:22).*

2. Nadie compra un traje nuevo y se lo pone encima de sus ropas sucias. Todo aquel que está en Cristo, es una nueva criatura, las cosas viejas han desaparecido.

V. Todas Las Cosas Son Hechas Nuevas

A. Citemos por ejemplo el caso del apóstol Pablo: ¿Cuáles fueron las cosas viejas que pasaron?
1. Su odio a los cristianos.
2. Sus amenazas.
3. Su fanatismo farisaico.
4. Sus crímenes.
5. Su orgullo religioso.

B. ¿Cuándo hubiera imaginado Saulo de Tarso que vendría a ser el más grande misionero que el cristianismo haya conocido y uno de los más grandes escritores de los hombres de Dios? Y es precisamente lo mismo que Dios está tratando de hacer con usted en este día.

Conclusión:

¿Qué le detiene para experimentar todo esto?
¿Qué le detiene para recibir esta vida abundante?
¿Qué tanto le satisfacen las cosas viejas, para permanecer ligado a ellas? ¡Arroje ese pasado a las profundidades del abismo y retome la vida nueva que Jesús le está ofreciendo!

Preguntas:

1. **¿A qué se refiere 2 Corintios 5:17, cuando dice que las cosas viejas pasaron?**

   - Esto quiere decir que ya no hacemos las maldades e injusticias que practicábamos antes.
   - Ya no caminamos como el mundo, sino de acuerdo a la palabra y los mandamientos de Dios.
   - Ya no caminaremos en tinieblas, sino en luz.

2. **¿Podemos ser nuevas criaturas sin estar en Cristo?**
   - No, de ninguna manera, necesitamos estar en Cristo para poder ser nuevas criaturas, porque dice la escritura que si alguno está en Cristo nueva criatura es. No hay otra forma ni existe ningún otro medio.

3. **¿Cómo ha sido transformada su vida desde que Cristo la convirtió en una nueva criatura?** Testifique brevemente.
   - Respuestas variadas.

Finalmente

A. Comparta la visión para el grupo según las instrucciones de sus superiores.

B. Planear la reunión para la próxima semana: Use la hoja de metas y planeación semanal del grupo. Lo anterior lo encontrara en la sección: Dinámica Para Cada Lección, página 15.

C. Dé, los anuncios y servicios de la iglesia.

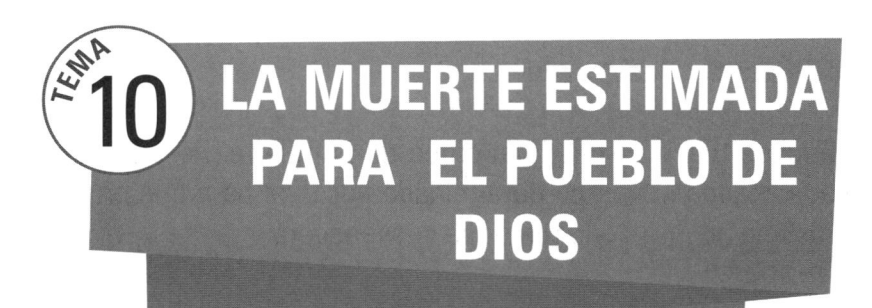

TEMA 10: LA MUERTE ESTIMADA PARA EL PUEBLO DE DIOS

Rompehielo: ¿Alguna vez perdió algo valioso que ya no pudo encontrar? Cuéntenos su experiencia.

Escrituras: Juan 14:1-3, Apoc. 21:3-7, Salmos 116:15

Introducción:

Para los miembros de una familia y los amigos que sienten profundamente la pérdida de un ser amado esto es algo muy normal. Pero la Biblia habla desde otra perspectiva acerca de la muerte, y esto es la muerte de los hijos de Dios. Dios ve la llegada al hogar celestial de sus santos desde un punto de vista diferente. La muerte del hijo de Dios se vuelve estimada para él.

Mario Oseguera

I. Todo Temor Se Desvanece

A. Muchos tenemos miedo al cruce de la muerte. Pero cuando haya llegado el tiempo determinado por Dios para que crucemos ese puente, todo temor se desvanecerá.

B. Cuando el pueblo de Dios cruce el Valle de Sombra de Muerte podrá disfrutar las delicias del país celestial.

1. No es un descenso, sino un rapidísimo ascenso para estar en la casa de nuestro Padre. *(Juan 14:1-3)*

2. Esta es una consolación para todos los creyentes que hemos de partir. Todos nuestros dolores y males habrán desaparecido, estaremos por siempre a salvo de todas las artimañas de Satanás.

3. ¿Se atrevería usted a pedir que viniesen de vuelta a la tierra aquéllos que están ya gozando en la presencia del Señor? ¿No han tenido ya sufcientes luchas y quebrantos?

C. Allí donde se encuentran los que han partido no hay pecado, no hay cansancio, nunca sufrirán, nunca llorarán ni volverán a morir. *(Apoc. 21:3-7)*

II. Una Hermosa Separación

A. Somos separados de la carga de nuestro cuerpo, de la fatiga y de la prueba.

B. Éste será un despertar no sujeto a luchas y tribulaciones como lo hay en la tierra, sino a las bellezas de la eternidad y a la gloria de Dios.

C. No más tribulaciones, no más dolores, no más penas; sino la resurrección en gloria, y nuestra entrada al territorio celestial, con Dios y los santificados.

III. ¿A Dónde Vas Tú?

A. El Señor habló de dos caminos. Lo creamos o no, usted y yo estamos yendo hacia algún lado en el tiempo y en el espacio. El tiempo está pasando.

(Mat. 7:13-14) "Entrad por la puerta estrecha; porque ancha es la puerta, y espacioso el camino que lleva a la perdición, y muchos son los que entran par ella; porque estrecha es la puerta, y angosto el camino que lleva a la vida, y pocos son los que la hallan".

B. El hombre va a donde él escoge ir. Es innegable que para ir a cierto lugar en la otra vida, usted ha tenido que hacer su elección en esta   pararnos. "Y de la manera que está establecido para los hombres que mueran una sola vez, y después de esto el juicio", Hebreos 9:27

C. Muchas muertes en comparación con otras resultan brillantes. Para los pecadores, la muerte es el fnal a todas las oportunidades que ofrece el Evangelio, y un salto sobre el precipicio de la desdicha y al abismo sin fin. Para el justo, signifca pasar al Reino de la luz eterna. El creyente fiel no morirá eternamente. (Apoc.7:17) "porque el Cordero que está en medio del trono los pastoreará, y los guiará a fuentes de aguas de vida; y enjugará toda lágrima de los ojos de ellos. Dios mismo enjugará toda lágrima de los ojos de ello".

D. La muerte para el cristiano:

1. Es la puerta de la vida verdadera, y la entrada del cielo.

2. Es ir de la tierra, hacia la casa del Padre.

3. Es partir del lado de los amigos, hacia una innumerable compañía de millones de ángeles.

4. Es el último problema que debe afrontar el creyente para obtener su corona de vida eterna.

5. Es la unión para siempre con aquéllos que ya han partido a la eternidad.

Conclusión:

¿Cómo está su vida, mi amado amigo? Éste es el tiempo que Dios le ha hablado para que usted escoja su destino eterno. ¿Aceptará esta verdad o la ignorará? Un día daremos un salto a la eternidad donde ya no habrá la más mínima esperanza para volver, y prepararnos, y enmendar nuestra vida. La Biblia dice: He aquí, yo estoy a la puerta y llamo; si alguno oye mi voz y abre la puerta, entraré a él, y cenaré con él, y él conmigo. (Apoc.3:20)

Preguntas:

1. ¿Qué es lo que la muerte física representa para los hijos de Dios?

- El descanso a las cargas y fatigas de este mundo.
- El descanso al llanto y al dolor; el regocijo de una nueva vida,

llena de paz, gozo y alegría en la presencia de Dios.
- La vida eterna, la vida verdadera donde ya no habrá muerte.

2. ¿Por qué dice la Biblia que la muerte de los hijos de Dios es de gran estima para El Señor?

- Porque el Señor ha visto el dolor y el sufrimiento de sus hijos en esta tierra y que no han negado su nombre, sino que han perseverado hasta el fin; por tanto, Él aprecia en gran manera la fidelidad de sus hijos y los espera en el cielo, con grande galardón para darles la corona de vida.

3. La palabra de Dios dice que sólo hay dos caminos: uno a la vida eterna y el otro a la muerte eterna. ¿Qué será de aquéllos que mueren sin Cristo?

- Sufrirán una pérdida muy grande porque pasarán toda una eternidad separados de Cristo
- Irán al lugar de tormento, donde será el llorar y crujir de dientes y donde no habrá más oportunidad para escapar.

Finalmente

A. Comparta la visión para el grupo según las instrucciones de sus superiores.

B. Planear la reunión para la próxima semana: Use la hoja de metas y planeación semanal del grupo. Lo anterior lo encontrara en la sección: Dinámica Para Cada Lección, página 15.

C. Dé, los anuncios y servicios de la iglesia.

TEMA 11: ANTE SU PRESENCIA CON ACCIÓN DE GRACIAS

Rompehielo: ¿Cómo se sentiría usted si diera a alguien que ama un regalo muy valioso y esa persona ni siquiera se tomara la molestia de agradecerle?

Escrituras: Sal.103: 1-5; 1 Tes. 5:18; Col.3:15.

Introducción:

La Biblia nos exhorta en numerosos pasajes a que seamos agradecidos. En primer lugar hacia Dios, y en segundo lugar hacia nuestros semejantes. Por ejemplo: El verbo "agradecer" y sus derivados se usa en quince libros del Nuevo Testamento, un total de treinta y ocho veces.

I. Ser Agradecido Es Un Exigencia De Parte De Dios

A. Ser agradecidos no debe ser algo ocasional, sino un constante estilo de vida. El cristiano no debería esperar algún suceso espectacular para ser agradecido con Dios. En los sucesos grandes y pequeños, el creyente debe dar gracias por cada uno de ellos.

1. La persona agradecida posee paz, irradia felicidad; la desagradecida refleja inquietud, disgusto, enojo.

B. Por tal motivo, las exhortaciones de la Palabra de Dios son:

1. *"Dad gracias en todo, porque ésta es la voluntad de Dios para con vosotros en Cristo Jesús".* (1 Tesalonicenses 5:18).

2. *"Y la paz de Dios gobierne en vuestros corazones, a la que asimismo fuisteis llamados en un solo cuerpo; y sed agradecidos".* (Colosenses 3:15).

3. *"Entrad por sus puertas con acción de gracias, Por sus atrios con alabanza; Alabadle, bendecid su nombre".* Sal.100:4

C. El rey David fue una persona muy agradecida y prueba de ello son cada uno de los hermosos salmos que él escribió. Uno de ellos es el Salmo 103:1-5.

II. El Señor Es Enemigo De La Ingratitud

A. Son muchos los textos que condenan la ingratitud. En el Nuevo Testamento, existen muchos llamados a ser agradecidos. Tenemos dos casos clásicos de lo que es la ingratitud:

1. Los 9 leprosos a quien Jesús sanó: (Lucas 17:15,19).

2. Los gentiles que no valoraron la obra de Dios: Uno de los tantos pecados de los cuales el apóstol Pablo acusa a los gentiles, es el de haber sido malagradecidos con Dios: *(Romanos 1:21,28).*

III. Dios Instruyó A Su Pueblo A Que Ofrecieran Fiestas De Gratitud (Deut.16:14)

A. El pueblo de Israel celebraba anualmente varias fiestas que fueron instituidas por Dios con el propósito de recordar lo que Él había hecho a su favor. Las principales fiestas eran las siguientes:

1. La Pascua. Con ella se conmemoraba la liberación del yugo de Egipto, donde habían estado como siervos durante cuatrocientos treinta años. Los judíos fueron instruidos a celebrar anualmente esta fiesta. El propósito de esta fiesta era agradecer a Dios por haberlos sacado de la esclavitud egipcia.

2. Pentecostés. Esta fiesta de gratitud se celebraba cincuenta días después de la Pascua, se asociaba con la entrega de la Ley de Moisés en el Sinaí. El pueblo mostraba su agradecimiento porque un día el Dios había hecho llegar Su palabra a sus vidas.

3. Los Tabernáculos. Durante esta semana todos los judíos vivían en enramadas hechas en el patio de sus casas. Representaba el tiempo que anduvieron en el desierto como peregrinos, cuarenta años, sin tener nada permanente. Para los judíos era un recordatorio de la fiel providencia de Dios,

por medio de la cual todas sus necesidades fundamentales fueron suplidas.

Cada una de estas fiestas tenía un significado muy especial para los judíos.

IV. Personas Agradecidas

1. *María Magdalena (Luc.7:37-48)*
2. *María y Marta, hermanas de Lázaro (Jn.12:1-6)*
3. *La suegra de Pedro (Luc.4:38-41)*
4. *Naamán, el leproso (2R.5:17)*
5. *David, a quien Dios levantó e hizo rey (Sal.103).*

Usted y yo debemos sentirnos agradecidos, pues siendo pecadores Dios puso sus ojos en nosotros.

Razones De David Para Estar Agradecido (Sal. 103:1-5)

- Dios le había perdonado todos sus pecados. (v.3)
- Dios le había sanado de enfermedades. (v.3)
- Dios le había rescatado del hoyo. (v.4)
- Dios le coronaba de favores en abundancia. (v. 4)
- Dios le hacía rejuvenecer como las águilas. (v.5)

Conclusión:

¡Cuántos motivos para vivir agradecidos con Dios! La pregunta es: ¿Cómo ve Dios su agradecimiento hacia él? Una de las cosas más bellas que Dios nos da es la salvación, y si aún no la ha recibido, ¡hágalo ahora! Él perdonará todas sus iniquidades y sanará todas sus dolencias. Y después, viva una vida agradecida cada día de su vida.

Preguntas:

1. ¿Considera que el agradecimiento a Dios y a otras personas es importante?

- Porque es un reflejo de que valoramos las bendiciones que estamos recibiendo.
- Porque el agradecimiento cierra la puerta al orgullo de creer que lo que somos o tenemos es el resultado de nuestras propias fuerzas.
- El agradecimiento abre las ventanas de los cielos para recibir más bendiciones.

2. ¿Qué pasa con la vida de una persona desagradecida?

- Esa persona no puede ser feliz, porque el contentamiento viene del dar. Por otro lado, las puertas de bendición se cerrarán por causa del desagradecimiento.

3. ¿Por qué cosas se siente agradecido, y qué ha hecho para demostrarlo?
- Respuestas variadas

Finalmente

A. Comparta la visión para el grupo según las instrucciones de sus superiores.

B. Planear la reunión para la próxima semana: Use la hoja de metas y planeación semanal del grupo. Lo anterior lo encontrara en la sección: Dinámica Para Cada Lección, página 15.

C. Dé, los anuncios y servicios de la iglesia.

TEMA 12
SALVACIÓN PARA TODO EL HOGAR

Rompehielo: Cuando usted era pequeño, ¿alguna vez quiso ser como sus padres?

Escrituras: Génesis 7:1; Génesis 7:7; 1 Crónicas 28:9; Hechos 16:31-33.

Introducción:

Una de las cosas que más anhelamos es que toda nuestra familia pase la eternidad con Jesús. En otras palabras, que sean salvos de la condenación eterna. Hoy vamos a entender lo que necesitamos hacer.

I. Dios Desea Que Las Familias Completas Sean Salvas

Noé y toda su familia, incluyendo a sus nueras, fueron salvados. El carcelero de Filipos y toda su familia fueron rescatados. También lo fue Cornelio y toda su casa. (Hechos 10:1,44)

A. Los deberes de los padres para que sus hijos sean salvos.

1. Los padres deben instruir a sus hijos en la Palabra, desde pequeños. *(Deut. 6:4-9) (Prov. 22:6)*

2. La abuela de Timoteo nos da un testimonio vivo.

(2Timoteo l:4) "...deseando verte, al acordarme de tus lágrimas, para llenarme de gozo; trayendo a la memoria la fe no fingida que hay en ti, la cual habitó primero en tu abuela Loida, y en tu madre Eunice, y estoy seguro que en ti también".

3. Job oraba y daba sacrificio cada mañana por cada uno de sus hijos.

(Job 1:5) "Y acontecía que habiendo pasado en turno los días del convite, Job enviaba y los santificaba, y se levantaba de mañana y ofrecía holocaustos conforme al número de todos ellos. Porque decía Job: Quizá habrán pecado mis hijos, y habrán blasfemado contra Dios en sus corazones. De esta manera hacía todos los días".

4. David daba consejos sabios a su hijo Salomón.

(1Crónicas 28:9) "Y tú, Salomón, hijo mío, reconoce al Dios de tu padre, y sírvele con corazón perfecto y con ánimo voluntario; porque Jehová escudriña los corazones de todos, y entiende todo intento de los pensamientos. Si tú le buscares, lo hallarás; más si lo dejares, él te desechará para siempre".

II. Mala Influencia De Los Padres

A. Hijos que se perdieron por la mala influencia de los padres:

1. *(1 Reyes 15:25-26) "Nadab, hijo de Jeroboam, comenzó a reinar sobre Israel en el segundo año de Asa rey de Judá; y reinó sobre Israel dos años. 26 E hizo lo malo ante los ojos de Jehová, andando en el camino de su padre, y en los pecados con que hizo pecar a Israel".*

2. *(1 Reyes 22:51) "Ocozías, hijo de Acab, comenzó a reinar sobre Israel en Samaria, el año diecisiete de Josafat rey de Judá; y reinó dos años sobre Israel. E hizo lo malo ante los ojos de Jehová, y anduvo en el camino de su padre, y en el camino de su madre…porque sirvió a Baal, y lo adoró, y provocó a ira a Jehová Dios de Israel, conforme a todas las cosas que había hecho su padre".*

3. *(2 Reyes 15:8) "En el año treinta y ocho de Azarías, rey de Judá, reinó Zacarías hijo de Jeroboam sobre Israel seis meses. E hizo lo malo ante los ojos de Jehová, como habían hecho sus padres; no se apartó de los pecados de Jeroboam hijo de Nabat, el que hizo pecar a Israel".*

III. Buen Ejemplo De Los Padres: (Salmos 112:1-2)

A. Hijos que recibieron el buen ejemplo de los padres:

1. *(2 Crónicas 26:3) "De dieciséis años era Usías cuando comenzó a reinar, y cincuenta y dos años reinó en Jerusalén. El nombre de su madre fue Jecolías, de Jerusalén. E hizo lo recto ante los ojos de Jehová, conforme a todas las cosas que había hecho Amasias su padre. Y persistió en buscar a Dios en los días de Zacarías, entendido en visiones de Dios; y en estos días en que buscó a Jehová, él le prosperó".*

2. *(2 Crónicas 29:1)* "Comenzó a reinar Ezequías siendo de veinticinco años, y reinó veintinueve años en Jerusalén. El nombre de su madre fue Abías, hija de Zacarías. E hizo lo recto ante los ojos de Jehová, conforme a todas las cosas que había hecho David su padre".

3. *(2 Crónicas 34: 1)* "De ocho años era Josías cuando comenzó a reinar, y treinta y un años reinó en Jerusalén. Este hizo lo recto ante los ojos de Jehová, y anduvo en los caminos de David su padre, sin apartarse a la derecha ni a la izquierda. A los ocho años de su reinado, siendo aún muchacho, comenzó a buscar al Dios de David su padre; y a los doce años comenzó a limpiar a Judá y a Jerusalén de los lugares altos, imágenes de Asera, esculturas, e imágenes fundidas".

4. *(2 Crónicas 17:3-5)* "Y Jehová estuvo con Josafat, porque anduvo en los primeros caminos de David su padre, y no buscó a los baales, 4 sino que buscó al Dios de su padre, y anduvo en sus mandamientos, y no según las obras de Israel. 5 Jehová, por tanto, confirmó el reino en su mano, y todo Judá dio a Josafat presentes, y tuvo riquezas y gloria en abundancia".

Conclusión:

Dice la Biblia que las cosas que se escribieron, para nuestra enseñanza fueron escritas. Dejemos que nuestro ejemplo les hable a nuestros hijos; dejemos que reciban la enseñanza más poderosa, eso es nuestro buen ejemplo. Si tenemos padres inconversos, dejemos que nuestro testimonio brille, y dejemos que los resultados florezcan para un buen testimonio.

Preguntas:

1. ¿Influye el ejemplo de los padres en la vida de los hijos?
- Sí, porque el primer ejemplo a seguir es el que los hijos ven en los padres, y este ejemplo, malo o bueno, influirá en ellos.

2. ¿Qué deberes tienen los padres hacia los hijos, para que sean salvos?
- Darles un buen testimonio.
- Instruirlos en la palabra de Dios.
- Amarlos, pero también corregirlos y exhortarlos cuando sea necesario, para que no se desvíen del camino de salvación.

3. ¿Afectó su vida en algún área el ejemplo que recibió de sus padres?

- Respuestas variadas.

4. ¿Ha sido un buen ejemplo para su familia o Para las personas que le rodean?
- Respuestas variadas.

Finalmente

A. Comparta la visión para el grupo según las instrucciones de sus superiores.

B. Planear la reunión para la próxima semana: Use la hoja de metas y planeación semanal del grupo. Lo anterior lo encontrara en la sección: Dinámica Para Cada Lección, página 15.

C. Dé, los anuncios y servicios de la iglesia.

Hogares Que Transforman **el Mundo**

4 SECCION

TEMA 13 Las Consecuencias De Mentir

TEMA 14 Un Dios Que Renueva Todo

TEMA 15 La Providencia De Dios

TEMA 16 Arreglando Tu Pasado Y Restaurando Tu Presente

Hogares Que Transforman **el Mundo**

TEMA 13: LAS CONSECUENCIAS DE MENTIR

Rompehielo: ¿Alguna vez siendo niño, se vio involucrado en algún problema por haber mentido?

Escrituras: Efe. 4:25; Prov.6:16-17

Introducción:

Podemos definir la mentira como: "Una manifestación contraria a la verdad, cuya esencia es el engaño". ¡Cuán difícil es hablar de un tema como: "la mentira"! ¿Quién de nosotros nunca ha dicho una mentira? Es triste ver que hay personas que cada día son gobernadas por la mentira, como que si fuera algo normal.

I. Dios No Quiere Que Exista Mentira Entre Su Pueblo

A. ¿Acaso se ha vuelto un hábito la mentira, para usted? ¿Ha tratado de dejar de mentir o definitivamente se deja dominar por la mentira? Recuerde que por blanca que el diablo le pinte la mentira, ésta es mentira para Dios desde cualquier perspectiva.

B. La Biblia dice que Dios odia la mentira. Espero que comprenda lo vil que es a los ojos de Dios esta práctica.

1. (Colosenses 3:9) "No mintáis los unos a los otros, habiéndoos despojado del viejo hombre con sus hechos".

2. (Prov.6:16-17) "Seis cosas aborrece Jehová, Y aún siete abomina su alma: Los ojos altivos, la lengua mentirosa".

3. (Proverbios 12:22) "Los labios mentirosos son abominación (repugnante, asqueroso) a Jehová; Pero los que hacen verdad son su contentamiento".

II. La Mentira Acarrea Maldición

A. Dé un vistazo a la vida de Acán y se dará cuenta de lo peligrosa que puede ser la mentira. *(1R.5:22 -27)*

B. Si la mentira acarrea maldición, ¿Cuál debería ser nuestra actitud hacia ella?

1. En primer lugar, aborrézcala. La Biblia dice en *Salmos 119:163*: "La mentira aborrezco y abomino; Tu ley amo". Cuando aborrecemos la mentira, comenzamos a ganar el favor de Dios.

2. En segundo lugar, evítela. Si usted sabe que hay algo que le llevará a mentir, evítelo.

3. En tercer lugar, pida perdón a Dios y ore para que Dios le ayude a apartar su corazón de ella. *Salmos 119: 29 dice: "Aparta de mí el camino de la mentira, y en tu misericordia concédeme tu ley".*

III. Diferentes Aspectos Que Demuestran Mentira

1. Cuando callamos la verdad.
2. Cuando ocultamos nuestros sentimientos.
3. Cuando fingimos sentimientos que no tenemos.
4. Cuando damos la mano, pero rechazamos con el corazón.
5. Cuando falsificamos las palabras.
6. Cuando intentamos justificar lo injustificable.
7. Cuando decimos amar a Dios, y no amamos a los hermanos.
8. Cuando "usamos" la religión para nuestros fines.
9. Cuando aparentamos sufrimiento.

Es increíble la cantidad de falsas excusas que el hombre ha inventado para justificar sus mentiras. Es importante ser íntegro y radical con uno mismo en cuanto al hablar, con la verdad.

IV. Consecuencias De La Mentira

A. Muchos mentirosos se alegran por el aparente éxito de su mentira. Ellos no se dan cuenta de que las consecuencias son eternas. La Biblia advierte claramente que los mentirosos recibirán condenación eterna, si no se arrepienten.

1. *"Más a los temerosos e incrédulos, y a todos los mentirosos, su parte será en el lago ardiendo con fuego y azufre, que es la muerte segunda". (Apocalipsis 21:8)*

2. *"No entrará en ella ninguna cosa sucia, o que hace abominación y mentira; sino solamente los que están inscritos en el libro de la vida del Cordero". (Apocalipsis 21:27)*

B. Es interesante notar que Juan asocia a los mentirosos con los hechiceros, los disolutos, los homicidas y los idólatras. ¡Tal es la gravedad de andar mintiendo! Sin embargo, usted puede romper toda atadura de mentira con la ayuda de Dios podrá lograrlo.

Conclusión:

¿Cómo puede una persona ser libre de la mentira? Primero, confesando su pecado. No justifique su mentira, vaya delante de Dios y confiese el error en el cual ha caído. Segundo: Comprometiéndose delante de Dios a dejar de mentir, y tratando por todos los medios de evitar la mentira. Huir de ella y cuando sin darse cuenta vuelva a caer, rápidamente pida perdón y trate de evitarla, procurando siempre caminar en la verdad. Recuerde: Nunca diga que no puede hacer algo, si nunca lo ha intentado; ¡Sea libre de la mentira hoy, renunciando a ese espíritu, echándolo fuera y quitándole toda autoridad y derecho legal que le dio al permitirlo en su vida; ciérrele toda puerta espiritual y rinda su vida a Jesús!

Preguntas:

1. ¿Cuáles son las consecuencias en la vida de una persona que dan lugar a la mentira?
- Por ser un pecado, nos aleja de Dios.
- Acarrea maldición.
- Vergüenza, temor, preocupación.
- Falta de paz y reposo al dormir.
- Pérdida de amistades y buenas relaciones con otros.

2. ¿Por qué odia Dios la mentira?
- Porque la mentira provoca mucho daño.
- Porque puede destruir hogares, amistades, e iglesias.
- Porque es producto de la influencia de Satanás, quien es padre de la mentira; por tanto, quién miente camina con él.
- Porque Dios es Dios de luz y como hijos de luz debemos caminar en la verdad.

3. ¿Cuáles son los beneficios de caminar en la verdad?
- Nos hace caminar en paz con Dios y con los demás.
- Podemos dormir tranquilos.
- Frente a los demás aparecemos como personas dignas de crédito y confianza, pudiendo disfrutar de buenas relaciones.
- El Señor derrama bendición sobre aquéllos que caminan en verdad porque él se agrada de ellos.

Finalmente

A. Comparta la visión para el grupo según las instrucciones de sus superiores.

B. Planear la reunión para la próxima semana: Use la hoja de metas y planeación semanal del grupo. Lo anterior lo encontrara en la sección: Dinámica Para Cada Lección, página 15.

C. Dé, los anuncios y servicios de la iglesia.

TEMA 14: UN DIOS QUE RENUEVA TODO

Rompehielo: ¿Alguna vez alguien le hizo mal y guardó resentimiento en su corazón por un tiempo? Después que perdonó, ¿cuál fue su experiencia?

Escrituras: Isaías 43:18; Efesios 4:23; Romanos 12:2

Introducción:

Para que podamos realmente disfrutar de una nueva vida en Cristo, es necesario que nos renovemos en el espíritu de nuestra mente, *(Efesios 4:23)* y de esta forma darnos cuenta cuál sea la buena voluntad de Dios, agradable y perfecta. Para poder conocer la voluntad de Dios para nuestras vidas, es necesario renovar nuestro entendimiento.

I. Dios Es Un Dios De Cosas Nuevas

A. La Biblia habla de cielos nuevos, tierra nueva, un mar nuevo, todo nuevo en la vida eterna. Pero no solamente en el cielo, también aquí Dios tiene algo nuevo para sus hijos.

1. *Apocalipsis 21:5) "Y el que estaba sentado en el trono dijo: He aquí, yo hago nuevas todas las cosas. Y me dijo: Escribe; porque estas palabras son fieles y verdaderas".*

2. *(2Corintios 5:17) "De modo que si alguno está en Cristo, Nueva criatura es; las cosas viejas pasaron; he aquí todas son hechas nuevas".*

3. *(Efes. 4:24)… "vestíos del nuevo hombre, creado según Dios…"*

4. *(Salmos 96:1) "Cantad a Jehová cántico nuevo; Cantad a Jehová, toda la tierra".*

5. *¿ (Ezequiel 36: 26) "Os daré corazón nuevo, y pondré espíritu nuevo dentro de vosotros".*

II. Dios Tiene Cosas Nuevas Para Usted

A. Cuando el pueblo de Dios celebraba la Pascua, debían quemar todo lo que les sobraba y no guardar nada para el día siguiente. Deshágase de los malos recuerdos de cada día, quémelos en el fuego. *(Éxodo 12:10) "Ninguna cosa dejaréis de él hasta la mañana; y lo que quedare hasta la mañana, lo quemaréis en el fuego".*

B. El maná en el desierto caía diariamente y los israelitas debían recogerlo y no guardar para el siguiente día. Debemos disfrutar cada día de las bendiciones frescas y pensar que en todo tiempo Dios tiene cosas nuevas para nosotros. *(Éx. 16:19-20) "Y les dijo Moisés: Ninguno deje nada de ello para mañana. Más ellos no obedecieron a Moisés, sino que algunos dejaron de ello para otro día, y crió gusanos, y hedió; y se enojó contra ellos Moisés".*

C. La Biblia nos aconseja específicamente por medio de esta Escritura que no nos acordemos de las cosas malas del pasado: *(Isa.43:18-19) "No os acordéis de las cosas pasadas, ni traigáis a memoria las cosas antiguas. He aquí que yo hago cosa nueva; pronto saldrá a luz; ¿no la conoceréis? Otra vez abriré camino en el desierto, y ríos en la soledad".*

III. Testimonio De La Obra De Dios

A. Un conferencista dijo: Tiempo atrás, en un evento muy importante, una joven nos atendía con mucha solicitud. En cada intervalo nos traía té, agua, bocaditos. Nos cautivó con su dulzura. Media hora más tarde, cuando finalizábamos nuestra conferencia y ella había ganado mayor confianza con nosotros, nos compartió:

«Yo asistí a un congreso en el que ustedes oraron por restauración en situaciones de abuso. Nunca hablé con nadie acerca de lo que había vivido y, aunque asistía a la iglesia desde niña, cada vez que llegaba el fin de año, cerca del tiempo en que había ocurrido el abuso contra mí, guardaba tanto enojo que dejaba de ir. Me rebelaba contra todo y todos. Era la época del año en que tomaba alcohol e iba de baile en baile. Después entraba en razón y volvía arrepentida a Dios. Hace dos años le pedí perdón a Dios y decidí olvidar mi dolor; inmediatamente el Señor me sanó en lo más íntimo y ahora le sirvo todo el tiempo y, cuando llega cada fin de año me encuentro preparando los campamentos de verano».

Conclusión:

Usted puede evitar que las cosas malas del pasado decidan sobre su futuro. La clave para obtener esta libertad está en el poder de sus palabras. Dice Proverbios 18:21 que "la muerte y la vida están en poder de la lengua…" Aún más, en Prov. 12:6 encontramos que "la boca de los rectos los librará". No queremos ignorar su dolor, pero este es un tiempo nuevo. Arroje su pasado lo más lejos posible de su vida; no crea al dicho: «mejor malo por conocido que bueno por conocer». ¡Basta ya de excusas, basta de vivir a medias, basta de temores! ¡Basta de recordar y proclamar sus sufrimientos pasados! ¡En Cristo se puede superar lo que hasta ahora era insuperable!

Preguntas:

1. ¿Según su criterio, qué áreas son las más difíciles de renovar en una persona?

- El carácter, la negatividad, pensamientos dolorosos.

2. ¿Cuál ha sido el área en su vida que le está causando más dificultad, y que necesita ser renovada?

- Respuestas variadas.

3. ¿Según la Palabra de Dios, cómo puede una persona ser renovada?

- Por medio de la Palabra de Dios, que tiene vida en sí y que cuando la leemos nos va lavando y limpiando de toda inmundicia, y va renovando nuestra mente y purificando nuestro corazón de toda maldad.

- No solamente necesitamos leer la Palabra, sino meditar en ella y practicarla, para que sea efectiva en nuestra vida.

Finalmente

A. Comparta la visión para el grupo según las instrucciones de sus superiores.

B. Planear la reunión para la próxima semana: Use la hoja de metas y planeación semanal del grupo. Lo anterior lo encontrara en la sección: Dinámica Para Cada Lección, página 15.

C. Dé, los anuncios y servicios de la iglesia.

TEMA 15
LA PROVIDENCIA DE DIOS

Rompehielo: ¿Alguna vez se quedó sin alimento y de una forma sobrenatural Dios suplió su necesidad?

Escrituras: Éxo. 2:1-10; Hech. 7:23-25; Hebreos. 11:23

Introducción:

El libro de Éxodo es una evidencia de que Dios no sólo está interesado en el destino de los individuos, sino también en el de las naciones. En el tiempo cuando reinaba la opresión y la esclavitud sobre el pueblo de Israel, Dios estaba obrando y preparando a su pueblo para un día de gran liberación.

I. Protegido Por Dios (Éxodo 2:1-10)

A. El nacimiento de Moisés. A pesar del decreto de Faraón de acabar con todos los niños varones de los hebreos, Dios estaba preparando la escena para proteger a Moisés a fin de que fuera el libertador de su pueblo.

B. ¿Qué lección se puede aprender de las acciones que tomó la madre de Moisés?

1. Que aunque Dios pudo haber protegido a Moisés sobrenaturalmente, él escogió usar la fe de estos padres piadosos para preservar la vida de su hijo.

2. Que Dios no siempre escoge librar a su pueblo de sus dificultades.

3. Aprendemos que aún en medio de circunstancias difíciles, el pueblo de Dios debe seguir teniendo fe.

C. ¿Por qué cree que Moisés tenía un profundo amor por los hebreos cuando él había sido criado con los egipcios en casa de Faraón?

1. El texto no nos dice cómo fue que Moisés sintió este profundo sentido de identidad. Personalmente, creo que los años de su infancia, en que su madre lo cuidó, sin duda tuvieron una gran influencia sobre él. El efecto de los primeros años de vida sobre el desarrollo de un niño es decisivo. Ninguna influencia es más poderosa que la de los padres.

2. A la edad de 40 años, Moisés vio las cargas de los egipcios sobre su pueblo e indudablemente eso lo conmovió grandemente. Se conmovió tanto cuando vio a un egipcio azotar a uno de sus hermanos hebreos, que quiso defender a éste matando al soldado egipcio.

D. En Hechos 7:25, Esteban dio a entender que la respuesta de Moisés se debió a un llamado divino.

1. Moisés aún no había tenido un encuentro con Dios en el desierto; No había recibido su autoridad y comisión divina. Sin embargo, Moisés sentía el llamado de Dios para librar a su pueblo de la esclavitud.

2. También aprendemos que aunque Moisés poseía buenas intenciones, al querer librar al pueblo de Dios fracasó porque lo hizo equivocadamente.

II. Moisés Accionó En El Tiempo Incorrecto

A. "La obra de Dios hecha a la manera de él, nunca carecerá de la provisión". ¿Qué ocurriría sí la obra de Dios no fuera hecha a Su manera? La vida de Moisés es un ejemplo claro: ¡Todo parecía marchar mal!

1. Un líder no influye en los demás sólo por su propia personalidad.

2. El fundamento principal para hacer la voluntad de Dios, es el encuentro personal con Dios. Al encontrarnos con Dios, podemos estar seguros de que él siempre nos guiará en nuestro intento de cumplir Su voluntad para nuestra vida.

III. La Provisión De Dios En El Desierto (Éxodo 2:15-22)

A. A pesar de los errores de Moisés, Dios no le dio la espalda.

B. Fue en el desierto que Dios cambió a Moisés, haciéndolo el hombre más manso de la tierra (Números 12:3). A partir de entonces, Moisés fue el líder dinámico de toda una nación, pero obrando siempre con el espíritu de un siervo.

IV. Contentamiento En Las Circunstancias De La Vida

A. Como cristianos, podemos aprender que sean cuales sean las circunstancias, podemos vivir con tranquilidad. Dios tiene control del mundo y de la gente. Si él puede hacer esto con toda una nación, ¿qué hará con una vida dedicada a él?

Conclusión:

Al ver la condición de nuestras familias, nuestro vecindario y comunidades, nuestra nación y nuestro mundo, puede que nos preguntemos: "¿No ve Dios esto?" "¿Acaso le importa?" Dios no sólo ve nuestra condición, sino que responde según su plan soberano. Él se interesa en todos los detalles de nuestra vida. Confíe en que él obrará su buen propósito en usted, aun cuando las circunstancias presentes no sean placenteras.

Preguntas:

1. ¿Por qué es tan importante la unción de Dios cuando estamos llevando a cabo la obra del Señor?
- Porque sin la unción de Dios fracasaremos.
- Sin la unción de Dios podemos ser desviados de sus planes y seremos infructuosos en su obra.
- Sin la unción nos agotaremos y fracasaremos, porque estamos trabajando en nuestras propias fuerzas y no en las de él.

2. ¿Cómo se manifestó Dios a la nación de Israel después que Moisés fue ungido por Dios?
- Con grandes milagros y prodigios.
- Con liberación y salvación.
- Con poder y gloria, haciendo maravillas a través de Moisés, su ungido.

3. ¿Por qué cree que no debemos desalentarnos en nuestro caminar cristiano?
- Porque así como Moisés fue probado en el desierto por cuarenta largos años, para después ser usado de una forma tan poderosa, de la misma manera Dios se encargará de pasarnos por el desierto de la prueba, para capacitarnos y probar la fidelidad de nuestro corazón.

4. ¿De qué forma ha sido probado en su caminar con Dios, y cómo él le ha sostenido en ese proceso?
- Respuestas variadas.

Finalmente

A. Comparta la visión para el grupo según las instrucciones de sus superiores.

B. Planear la reunión para la próxima semana: Use la hoja de metas y planeación semanal del grupo. Lo anterior lo encontrara en la sección: Dinámica Para Cada Lección, página 15.

C. Dé, los anuncios y servicios de la iglesia.

TEMA 16: ARREGLANDO TU PASADO Y RESTAURANDO TU PRESENTE

Rompehielo: ¿Cómo se ha sentido usted cuando ha tenido problemas con una persona y se pone a cuentas con ella?

Escrituras: 2 Reyes 20:2-6; Lucas 15:22-23; Lucas 19:9.

Introducción:

Por medio de la Escritura, conocemos que vino el profeta Isaías a decirle al rey Ezequías que ordenara su casa porque iba a morir. Pero Dios escucha la oración de este rey, quien no quería morir, y le extiende la vida. Nos preguntamos: ¿Qué tenía de especial esta oración, para que fuese contestada tan rápidamente? La respuesta es que Ezequías había sido un hombre íntegro de corazón para con Dios. ¿Qué pasaría si esto le estuviese aconteciendo a usted? ¿Será que el Señor contestaría su oración, como lo hizo con Ezequías?

I. Cuando Arreglas Tu Pasado, Se Restaura Tu Presente

A. Hoy, Dios nos está dando la oportunidad de que nos pongamos a cuentas con él, y arreglemos nuestra casa. Dios nos da ese tiempo y es mejor que lo aprovechemos y no terminemos como muchos, con una casa desordenada.

   1. Ezequías le dice: "dame una oportunidad" y Dios se la da, para que así arregle y ordene todo lo que tenga por hacer.

   2. Dios está dispuesto a parar el reloj del tiempo suyo, pero exigirá que usted arregle todo lo que tiene pendiente, para que al llamarle a su presencia pueda ser aprobado por él.

II. Personas A Quienes Se Les Dio La Oportunidad De Arreglar Su Vida

A. La Biblia nos habla de Zaqueo, quien fue una de las personas a quien se le dio esta oportunidad, y lo primero que hizo este hombre fue ponerse a cuentas y arreglar su pasado. Veamos su historia:

"Entonces Zaqueo, puesto en pie, dijo al Señor: He aquí, Señor, la mitad de mis bienes doy a los pobres; y si en algo he defraudado a alguno, se lo devuelvo cuadruplicado. Jesús le dijo: Hoy ha venido la salvación a esta casa; por cuanto él también es hijo de Abraham. Porque el Hijo del Hombre vino a buscar y a salvar lo que se había perdido". (Luc.19:8-10)

B. Esta historia nos da una gran enseñanza acerca de alguien que tenía anhelo de abrirle su corazón a Jesús, pero sobre todo alguien que reconoció que había hecho mal y que inmediatamente se pone en pie y toma la decisión de arreglar su pasado. Viendo la sinceridad del corazón de Zaqueo, de inmediato Jesús le prometió un gran futuro.

1. Cuando Jesús oyó que estaba dispuesto a arreglar su pasado y mejorar su presente, le otorgo la promesa… "hoy ha llegado la salvación a tu casa…"

2. ¡Qué grande es Dios! sólo pide que reconozcamos nuestros errores y la salvación llegará y alcanzará no sólo a usted, sino a toda su casa.

3. ¿Cómo se arregla el pasado? El pasado se arregla reconociendo nuestras faltas. No busquemos culpables para nuestra condición, reconozcamos nuestros errores.

III. Dios Nos Pide Que Reconozcamos Nuestros Errores

A. *"…Y levantándose, vino a su padre. Y cuando aún estaba lejos, lo vio su padre, y fue movido a misericordia, y corrió, y se echó sobre su cuello, y le besó. Y el hijo le dijo: Padre, he pecado contra el cielo y contra ti, y ya no soy digno de ser llamado tu hijo. Pero el padre dijo a sus siervos: Sacad el mejor vestido, y vestidle; y poned un anillo en su mano, y calzado en sus pies. Y traed el becerro gordo y matadlo, y comamos y hagamos fiesta; porque este mi hijo muerto era, y ha revivido; se había perdido, y es hallado. Y comenzaron a regocijarse".* (Lucas 15:20-24)

B. El hijo pródigo se puso a cuentas con su padre y se arregló su pasado. El hijo pródigo hizo una confesión a su padre y reconoció lo mal que se había comportado; éste regresó a su padre a buscar trabajo, estimando ser recibido como unos de sus jornaleros. Su padre, al ver que su hijo en verdad estaba arrepentido, lo restauró.

1. Vea usted la grandeza que se logra cuando se arregla el pasado; el muchacho arregló su pasado y su padre le aseguró su futuro.

2. A pesar de que este joven fue con la mentalidad que su padre le rechazaría, al verlo arrepentido el padre lo recibió, lo abrazó y besó; no le recriminó su falta. Todo lo contrario, su padre mandó que lo vistieran y que se hiciera gran fiesta; le recibió con los brazos abiertos, y mandó que le pusieren un anillo en su mano. Esto aseguró al joven su futuro.

Conclusión:

Jamás verá que su presente mejora, si no ha arreglado su pasado. ¿Qué garantía tiene de que estará en la casa del Señor, para siempre? La única garantía que tiene es reconocer sus faltas y arrepentirse. Dios le da la oportunidad de arreglar su casa hoy.

Éste es el momento de reconocer nuestra necesidad. Dios está dando la oportunidad de que mire el pasado que ha tenido y pida perdón, para darle la oportunidad de arreglar su vida; esto mejorará su presente y asegurará su futuro. Sólo medite cómo terminó la historia de cada uno de estos hombres que tomaron la decisión de arreglar sus vidas: el hijo pródigo, Zaqueo y Ezequías.

Preguntas:

1. ¿Qué fue lo que provocó que Dios contestara tan rápido la oración de Ezequías?

- Él era un hombre de corazón integro para con Dios, había caminado conforme a Su voluntad, por eso Dios contestó su oración rápidamente.

2. ¿Cuáles son los motivos principales por los cuales Dios está interesado en que arreglemos nuestra casa?

- Porque si no arreglamos nuestra casa, no tendremos parte con Dios.
- Porque él quiere que disfrutemos de su gozo, su paz y, por último, la vida eterna.
- Porque aunque nos ame tanto, si nosotros no arreglamos cosas que nos están dañando del pasado, él no podrá ayudarnos a mejorar el presente.

3. ¿Por qué es importante arreglar el pasado, para que sea restaurado nuestro presente?

- Porque mientras nuestros corazones estén cargados de odio, resentimientos, celos, y de envidias pasadas, Dios no podrá comenzar una nueva vida en nuestro ser.

Finalmente

A. Comparta la visión para el grupo según las instrucciones de sus superiores.

B. Planear la reunión para la próxima semana: Use la hoja de metas y planeación semanal del grupo. Lo anterior lo encontrara en la sección: Dinámica Para Cada Lección, página 15.

C. Dé, los anuncios y servicios de la iglesia.

SECCION 5

TEMA 17 Qué Hacer Cuando Estás En Cristo

TEMA 18 Moldeado En La Mano De Dios

TEMA 19 Un Encuentro Que Transforma

TEMA 20 Una Familia Llena De Amor

Hogares Que Transforman **el Mundo**

TEMA 17
¿QUÉ HACER CUANDO ESTÁS EN CRISTO?

Rompehielo: ¿Cuál es su reacción cuando está atravesando por una crisis, y qué fuentes de ayuda toma para salir de ella?

Escrituras: 1 Sam. 1:6-8; 1 Sam. 1:8; Mat. 6:33.

Introducción:
La promesa del Dios para sus hijos es que tendrán paz en su territorio y les saciará con lo mejor del trigo. Salmos 147:14 Sin embargo, en este momento existen personas que están atravesando grandes crisis espirituales, emocionales, familiares y económicas. Están pasando por desiertos espirituales donde están siendo procesados. La Palabra nos da un ejemplo de una extraordinaria mujer que supo qué hacer en su momento de crisis, de angustia y de necesidad. En Ana había estallado una crisis. ¿Qué hizo Ana para salir de esta crisis?

I. Se Fue A La Casa De Dios

A. Existen personas que reaccionan alejándose de Dios cuando viene la crisis. Es allí donde dicen: ¿Para qué me voy a congregar? ¿Para qué seguir orando? ¿Cómo es posible que antes estaba mejor que ahora?

B. Ana entendió que en medio de la crisis era cuando más tenía que acercarse a Dios. Ana entendió que es en la Casa de Dios, donde está la respuesta y solución a cualquier crisis. (1 Samuel 1: 9-10)

C. Lo primero que debe hacer para salir de la crisis, es venir a la Casa de Dios. (Reyes 19:14) (2 Crónicas 20:4)

II. Ana Clamó A Dios

A. 1 Samuel 1: 10 "Ana estaba muy triste y oraba al SEÑOR. Ella oraba de corazón…". Ana había entendido que la crisis por la cual estaba atravesando no podía resolverla persona alguna, se necesitaba una intervención sobrenatural.

1. Muchos, en medio de sus crisis pierden el tiempo implorando favores a otros. Es allí, precisamente, donde debemos decidir buscar al Todopoderoso. (Mateo 15: 22).

III. El Poder De La Humillación

A. Jonás 3:7-10 *"E hizo proclamar y anunciar en Nínive, por mandato del rey y de sus grandes, diciendo: Hombres y animales, bueyes y ovejas, no gusten cosa alguna; no se les dé alimento, ni beban agua; sino cúbranse de cilicio hombres y animales, y clamen a Dios fuertemente; y conviértase cada uno de su mal camino, de la rapiña que hay en sus manos…Y vio Dios lo que* *hicieron, que se convirtieron de su mal camino; y se arrepintió del mal que había dicho que les haría, y no lo hizo".*

IV. Ana Hizo Un Pacto

A. 1 *Samuel 1: 11 "E hizo un voto, diciendo: Si te dignas mirar la aflicción de tu sierva, y te acuerdas de mí, y no te olvidas de tu sierva, sino que le das a tu sierva un hijo varón, yo lo dedicaré a Jehová todos los días de su vida,".*

B. El Señor se acordó de Ana. Ella concibió y para el siguiente año, dio a luz un hijo. Ana le puso por nombre Samuel, pues dijo: Su nombre es Samuel porque se lo pedí al Señor".

C. Todos los pactos con Dios, se convierten en bendición. El pacto de Ana hizo que Dios quitara su esterilidad y le dio cinco hijos más, para gloria del Señor.

(1Sam.2: 21) "Y visitó Jehová a Ana, y ella concibió, y dio a luz tres hijos y dos hijas. Y el joven Samuel crecía delante de Jehová".

Conclusión:

Los pactos de Dios son condicionales. Si bien Dios ofrece bendiciones, existen condiciones para alcanzarlas. Sería injusto recibir bendiciones sin nada que hacer a cambio, la realidad es que no hay bendición sin las condiciones del pacto.

A Abraham dijo: Deja tu tierra, tu familia… (Génesis 12:1-4).
A Josué dijo: No te apartes de mí ley, cúmplela. (Josué 1:7–8).
A nosotros nos dice: "Busca primero el reino de los cielos y su justicia…" (Mateo 6:33).

Preguntas:

1. ¿Qué fue lo que hizo Ana en medio de su crisis, y por qué cree usted que Dios contestó su oración?

- Ella, primeramente fue a la casa de Dios y buscó su rostro en oración, reconociendo que sólo él podía ayudarle a salir de esa crisis.
- En segundo término, ella pactó con Dios.
- Y finalmente, ella salió de la casa de Dios creyendo que él había recibido su oración y le respondería; por tanto, ella no estuvo más triste.

2. ¿Qué lección podemos obtener en cuanto a la actitud de Ana, de hacer pacto con Dios?

- Que para que podamos obtener respuesta de parte de Dios, necesitamos comprometernos con él, de estar en su casa y buscarle con todo nuestro corazón.
- Que cuando estamos dispuestos a entregar a Dios lo mejor de nosotros, él se encargará de retribuirnos con abundantes bendiciones.

3. ¿Por qué cree usted que muchas personas, cuando están atravesando por alguna crisis en su vida, en lugar de acercarse más a Dios se apartan de él?
- Algunas, porque no quieren un compromiso con Dios.
- Otras, porque su fe es débil y en el momento de la crisis se decepcionan fácilmente.

Finalmente

A. Comparta la visión para el grupo según las instrucciones de sus superiores.

B. Planear la reunión para la próxima semana: Use la hoja de metas y planeación semanal del grupo. Lo anterior lo encontrara en la sección: Dinámica Para Cada Lección, página 15.

C. Dé, los anuncios y servicios de la iglesia.

Hogares Que Transforman **el Mundo**

TEMA 18: MODELADO EN LA MANO DE DIOS

Rompehielo: ¿Cuál es la mejor obra que usted ha creado con sus manos, de la cual se siente orgulloso (a)?

Escrituras: Jeremías 31:3; Isaías 49:15-16; Rom. 8:7

Introducción:

Cada uno de nosotros somos creación de Dios, escogidos y apartados desde antes que nos formara en el vientre de nuestra madre, para hacer buenas obras:

(Efesios 2:10) "Porque somos hechura de Dios, creados en Cristo Jesús para buenas obras, las cuales Dios dispuso de antemano a fin de que las pongamos en práctica".

Mario Oseguera

I. Fuimos Escogidos Para Buenas Obras

A. Hemos sido creados para alabanza y gloria de Dios, para andar como es digno de él, agradándole en todo, llevando fruto en toda buena obra y creciendo en el conocimiento suyo. Por tanto, nuestras obras deben honrar a Jesucristo; pero, sucede que nuestra naturaleza carnal es un enemigo que nos hace la guerra, ya que todo lo que se hace y se desea en la carne es enemistad contra Dios (Romanos 8:7). Lo espiritual y lo carnal se oponen entre sí.

B. Declare esta palabra, creyendo: ¡Soy hechura de Dios, equipado(a) y ungido(a) para hacer su obra! La Biblia dice en el Salmo 139, que Dios sabía nuestro destino antes de que Él nos formara en el vientre de nuestra madre. Tenemos dones únicos, habilidades, y talentos, que nos han sido dados por Dios para glorificarle; Él tiene un plan especial para nuestras vidas.

C. El enemigo tratará de engañarnos, haciéndonos pensar que debemos conformarnos con lo que nos dicta el mundo. Más, si estamos seguros en nuestra identidad en Cristo, entonces podremos resistir las presiones que tratarán de moldearnos en algo que no somos. La palabra de Dios nos dice "no os conforméis a este mundo", es decir, no tomes la forma de este mundo, no aceptes las costumbres del mundo que te rodea, pues ello es enemistad con Dios.

1. Conforme continuamos creciendo en nuestra relación con Dios, mediante la oración, lectura de su palabra, ayuno, adoración, y compañerismo con otros creyentes, ganaremos confianza en el Señor, quien nos liberará de las opiniones del mundo sobre nuestra identidad. De este modo, podremos descubrir el propósito para lo cual fuimos creados, y ser llenos del conocimiento de su voluntad, en toda sabiduría e inteligencia espiritual.

II. Usted Está Para Siempre En La Mente De Dios

A. Una mujer jamás olvidará que tuvo un hijo, sin embargo aunque hubiese alguna que lo haga, Dios dice que él nunca se olvidará de sus hijos.

(Isaías 49. 15) "¿Se olvidará la mujer de lo que dio a luz, para dejar de compadecerse del hijo de su vientre? Aunque olvide ella, yo nunca me olvidaré de ti".

III. Usted Fue Escogido Desde Antes De La Fundación Del Mundo

A. *(Efesios 1: 4) "Según nos escogió en él antes de la fundación (creación) del mundo, para que fuésemos santos y sin mancha delante de él".*

B. Antes que nuestros primeros padres, Adán y Eva, fueran formados, Dios ya nos había amado; es decir, que somos el resultado de un plan eterno, bien diseñado y planificado.

(Jeremías. 1:5) "Antes que te formase en el vientre te conocí, y antes que nacieses te santifiqué, te di por profeta a las naciones".

C. ¡Cuán maravillosos son los pensamientos de Dios para la humanidad, que no escatimó nada con el fin de que sus hijos tengan una vida abundante!

(2 Corintios 8. 9) *"Porque ya conocéis la gracia de nuestro Señor Jesucristo, que por amor a vosotros se hizo pobre, siendo rico, para que vosotros con su pobreza fueseis enriquecidos".*

1. Tan maravilloso es el amor de Dios que a pesar de nuestra infidelidad, su misericordia y su amor permanecen para siempre.

(2 Timoteo 2. 13) *"Si somos infieles, él sigue siendo fiel, ya que no puede negarse a sí mismo". (NVI)*

Conclusión:

La Biblia dice que Dios nos lleva marcados (esculpidos) en su mano. Para entenderlo mejor, podemos decir que sería como una marca, una cicatriz. ¿Se podrá borrar esa marca? Simplemente no. Implica sencillamente que Dios nunca se olvidará de nosotros, pues cada vez que ve Sus manos, se recuerda de usted y de mí. ¿No le parece maravilloso?

Preguntas:

1. ¿Por qué considera que Dios jamás se olvidará de nosotros?
- Porque es un padre responsable y amoroso.
- Porque nos lleva grabados en su mente, corazón y manos.

2. ¿Qué siente al saber que Dios, desde antes de formar el mundo ya lo amaba, y que por ello le dio la vida?
- Respuestas variadas, según experiencias personales.

3. Antes de esta lección, ¿Cómo miraba a Dios? Y ¿cómo lo ve ahora?
- Respuestas variadas.

4. ¿Cree que lo aprendido en esta lección le ayudará a mejorar su relación con Dios y como lo hará?
- De una forma más segura y confiada, al saber que su amor por nosotros es tan inmensamente grande.

Finalmente

A. Comparta la visión para el grupo según las instrucciones de sus superiores.

B. Planear la reunión para la próxima semana: Use la hoja de metas y planeación semanal del grupo. Lo anterior lo encontrara en la sección: Dinámica Para Cada Lección, página 15.

C. Dé, los anuncios y servicios de la iglesia.

TEMA 19
UN ENCUENTRO QUE TRANSFORMA

Rompehielo: ¿Ha tenido la dicha de conocer alguna persona que haya sido de gran influencia positiva en su vida? Cuéntenos su experiencia.

Escrituras: Mat.11:28; Luc.19:10; Jn.8:12.

Introducción:

La Biblia relata muchas experiencias de encuentros de personas con Dios, y cómo la vida de estas personas fue transformada por la maravillosa presencia de Dios y nunca más volvieron a ser iguales. De la misma manera, su vida nunca será la misma después de su encuentro con Dios.

Mario Oseguera 135

I. La Iniciativa Es De Dios

"Porque el Hijo del Hombre vino a buscar y a salvar lo que se había perdido". (Luc. 19:10) Dios nos llama continuamente para que nos acerquemos a Él.

Venid a mí todos los que estáis trabajados y cargados, y yo os haré descansar. (Mat.11:28)

A. Pedro, Antes De Su Encuentro Con Dios.

1. El apóstol Pedro antes de conocer a Jesús, tenía por nombre Simón, que quiere decir: un junco llevado por el viento. Esto revelaba su personalidad cambiante, de doble ánimo, influenciable y débil interiormente.

    (Juan 1:42) "…Y le trajo a Jesús. Y mirándole Jesús, dijo: Tú eres Simón, hijo de Jonás; tú serás llamado Cefas (que quiere decir: Pedro)".

    (Mat. 16:18) "…Y yo también te digo, que tú eres Pedro, y sobre esta roca edificaré mi iglesia; y las puertas del hades no prevalecerán contra ella".

2. Después de su encuentro con Dios, El Señor cambió su nombre y su carácter por Pedro, que significa: "Piedra". (Alguien sólido, firme y confiable). Este hombre impulsivo, hablador e impetuoso, llegó a ser un gran Apóstol. Pedro fue el primer predicador del cristianismo.

B. Zaqueo, Antes Del Encuentro Con Dios.

1. El jefe de hacienda, Zaqueo, era un hombre de los corruptos de aquellos días. Después de su encuentro con Jesús, fue

cambiado en una persona dadora, responsable y con un corazón orientado hacia los necesitados.

"Entonces Zaqueo, puesto en pie, dijo al Señor: He aquí, Señor, la mitad de mis bienes doy a los pobres; y si en algo he defraudado a alguno, se lo devuelvo cuadruplicado". (Luc.19:8)

C. María Magdalena, Antes De Su Encuentro Con Dios. María Magdalena era una prostituta de quien salieron siete demonios.

Estas historias quedaron como ejemplos para que sepamos que si alguien está sumergido en pecado, Dios puede rescatar su vida y hacerlo un discípulo suyo.

D. Abraham, Antes De Su Encuentro Con Dios.

1. De un viejo débil y una anciana estéril, nació el hijo de la promesa. Abraham, debe haber sido un hombre confiable, amigable y diplomático, pero falto del conocimiento de Dios. Después de su encuentro con Dios, el Señor lo transformó en un hombre que confiaba y obedecía su llamado, con una fe admirable, de tal manera que se atrevió a ofrecer a su propio hijo en sacrificio, por agradar a Dios.

E. Moisés, Antes De Su Encuentro Con Dios.

1. Moisés, era un hombre aguerrido, que gozaba de un enorme éxito. Era miembro de la familia real de Egipto, tenía títulos, poder e influencia, y grandes riquezas. Todo indicaba que sería un hombre feliz y realizado.

2. Después de su encuentro con el verdadero Dios, halló la verdadera felicidad para su vida (Hebreos 11:23-29). Aquel hombre que un día mató a golpes a un egipcio, según Éxodo 2:11-15, *"llegó a ser el hombre más manso sobre la tierra. Y aquel varón Moisés era muy manso, más que todos los hombres que había sobre la tierra"*. (Números 12:3)

Conclusión:

Si Dios le llama, ¿Qué va a dejar usted? El Señor quiere preguntarle: "¿Qué vas a hacer tú? Deja tu rencor, tu desconfianza, tus temores, y tu pecado. Cuando se ha tenido una experiencia con Dios, no se puede seguir siendo el mismo. Hoy, el Señor nos pide acercarnos a él. Dios quiere que dejemos el orgullo, Dios quiere que dejemos aquello que nos impide seguir al maestro. Si quiere hoy tener un encuentro con Jesús para ser transformado, no se detenga, ¡decídase y venga!

Preguntas:

1. ¿Hasta qué punto se puede transformar la vida de una persona cuando tiene un encuentro Jesús?

- La vida de una persona puede cambiar radicalmente, de la noche a la mañana.

2. ¿Cuáles son las áreas que Dios transformó en su propia vida cuando tuvo un encuentro con él?

- Respuestas variadas según experiencias personales.

3. ¿Por qué muchas personas no deciden servir a Jesús, aun sabiendo que él tiene la mejor medicina para sanar el alma y el cuerpo?

- Porque no están dispuestos a abandonar los deleites de este mundo.
- A algunos les avergüenza que sus amistades o familiares sepan que son cristianos.
- Otros no han alcanzado a entender la gran bendición que nos trae servir a Cristo.
- La gran mayoría, por incredulidad.

Hogares Que Transforman **el Mundo**

TEMA 20: UNA FAMILIA LLENA DE AMOR

Rompehielo: ¿De qué forma usted expresa su amor a un ser que ama?

Escrituras: Jn.13:35; Jn.15:12; Gal.5:14; Rom. 13:8-10.

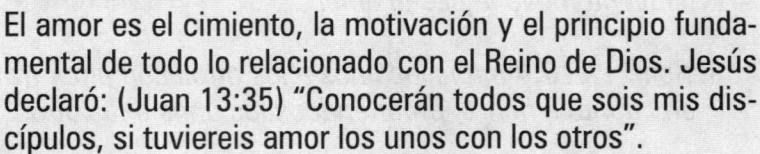

Introducción:
El amor es el cimiento, la motivación y el principio fundamental de todo lo relacionado con el Reino de Dios. Jesús declaró: (Juan 13:35) "Conocerán todos que sois mis discípulos, si tuviereis amor los unos con los otros".

En una cultura turbulenta, plagada de divorcios, violencia, maltrato, drogas, injusticia y desorden, el impacto del amor de Dios en nuestros hogares se torna indispensable, especialmente si vamos a ordenar nuestros hogares de acuerdo a los mandamientos de Dios.

Hogares Que Transforman **el Mundo**

I. **Nuestra Prioridad Debe Ser Amarnos Unos A Otros**

A. Nuestra meta es amar como Cristo nos amó, «dando su vida». Cristo dejó su trono para llevar sobre sí los pecados de la humanidad. Soportó el dolor de los azotes, los clavos en sus manos, la lanza que hirió su costado, la corona de espinas sobre su cabeza, todo lo hizo por amor.

B. Los siguientes versículos nos hablan a cerca de la responsabilidad de amarnos los unos a los otros.

1. *1 Pedro 1:22 Habiendo purificado vuestras almas por la obediencia a la verdad, mediante el Espíritu, para el amor fraternal no fingido, amaos unos a otros entrañablemente, de corazón puro.*

2. *Rom. 13:8-10 "No debáis a nadie nada, sino el amaros unos a otros; porque el que ama al prójimo, ha cumplido la ley. Porque: No adulterarás, no matarás, no hurtarás, no dirás falso testimonio, no codiciarás, y cualquier otro mandamiento, en esta sentencia se resume: Amarás a tu prójimo como a ti mismo. El amor no hace mal al prójimo; así que el cumplimiento de la ley es el amor".*

3. *Rom. 12:10 "Amaos los unos a los otros con amor fraternal; en cuanto a honra, prefiriéndoos los unos a los otros".*

4. *Gal.5:14 "Porque toda la ley en esta sola palabra se cumple: Amarás a tu prójimo como a ti mismo".*

C. Existen tres tipos de amor: el amor filial, entre amigos y/o hermanos; el amor eros, relacionado con la pareja; y, el amor ágape, que es el verdadero amor, al cual Dios nos llama pues es con el cual nos relacionamos con él. Hoy en día, las parejas que se casan suponen que el amor es una simple emoción pasajera; no reconocen en lo más mínimo que el verdadero amor, la clase de amor de Dios, va más allá de la pasión; es algo que supera las pruebas y luchas.

1. El amor no es solamente un sentimiento o una preferencia; es una decisión y un compromiso.

II. Seremos Verdaderos Discípulos De Jesucristo, Si Verdaderamente nos Amamos

A. Su amor fue un amor sacrificial, incondicional; un amor constante y espontáneo. Él nos manda que nos amemos como él nos ha amado.

1. *Jn. 13:35 "En esto conocerán todos que sois mis discípulos, si tuviereis amor los unos con los otros".*

2. *Mar.2:16-17 "Y los escribas y los fariseos, viéndole comer con los publicanos y con los pecadores, dijeron a los discípulos: ¿Qué es esto, que él come y bebe con los publicanos y pecadores? Al oír esto Jesús, les dijo: Los sanos no tienen necesidad de médico, sino los enfermos. No he venido a llamar a justos, sino a pecadores".*

3. *Jn. 8:10-11 "Enderezándose Jesús, y no viendo a nadie sino a la mujer, le dijo: mujer, ¿dónde están los que te acusaban? ¿Ninguno te condenó? Ella dijo: ninguno, Señor. Entonces Jesús le dijo: ni yo te condeno; vete, y no peques más".*

B. Según vemos en estos versículos, Jesús nunca hizo diferencia de personas, ni tampoco utilizó la crítica para dirigirse a los demás. Él estuvo dispuesto a darse por completo por todos. Los hermanos deben aprender de Jesús, que practicar el verdadero amor es lo más importante en esta vida.

Conclusión:

En este día, presente su necesidad al Señor, creyendo que él le equipará para poder mostrar su amor a su familia y a las personas que están a su alrededor. El amor es la única señal segura de que Dios vive en nuestros hogares y de que gozamos de su compañerismo. Mientras más cerca estemos de Jesús, más estaremos amándonos unos a otros.

Preguntas:

1. ¿Cómo nos reconocerá la gente que somos verdaderos discípulos de Jesús?

- Por medio del amor, amándonos los unos a los otros como Él nos amó.

2. Cuando el matrimonio está pasando por pruebas, ¿cuál es la mejor forma de mostrar el amor a su cónyuge?

- Orando por su matrimonio, siendo paciente con su pareja, perdonando las ofensas, etc.

3. ¿Cómo puede el ejemplo de la vida de Jesús enseñarnos a mostrar más amor a nuestra familia?

- Siendo pacientes, perdonadores, humildes, amando incondicionalmente, dando lo mejor de nosotros, etc.

4. ¿Qué podemos mejorar en los próximos días para que el amor de Dios fluya a través de nosotros?

- Respuestas variadas

Finalmente

A. Comparta la visión para el grupo según las instrucciones de sus superiores.

B. Planear la reunión para la próxima semana: Use la hoja de metas y planeación semanal del grupo. Lo anterior lo encontrara en la sección: Dinámica Para Cada Lección, página 15.

C. Dé, los anuncios y servicios de la iglesia.

SECCION 6

TEMA 21 Cuando Jesús Visita Tu Casa

TEMA 22 Cuando Cristo Llega A Nuestro Hogar.

TEMA 23 Un Hombre Recto En Un Mundo Torcido

TEMA 24 Conociendo La Voz De Dios

Hogares Que Transforman **el Mundo**

TEMA 21

CUANDO JESÚS VISITA TU CASA

Rompehielo: ¿Qué hace usted para sentirse mejor cuando se encuentra enfermo?

Escrituras: Luc. 4:38-41; Mat. 14:14; Mar. 1:33-34

Introducción:

Según Lucas 4:38-39, la suegra de Simón estaba enferma. Jesús conoce su familia y sus dificultades. El texto en su original traduce: "siendo sujetada por una fiebre grande" y el término "grande" indica además: enorme, fuerte. La fiebre alta puede producir daño cerebral permanente, cuando está por encima de los 42°C. Las causas más frecuentes de la fiebre son las infecciones y muchas otras enfermedades.

Mario Oseguera

I. Nuestro Ruego A Favor De Nuestra Familia

A. "Entonces Jesús se levantó, salió de la sinagoga y entró en casa de Simón. La suegra de Simón tenía una gran fiebre; y le rogaron por ella". (Luc.4:38)

　1. "le rogaron por ella " Esto indica la buena relación en la familia, y la intercesión unida…

B. En el vs. 39 vemos los buenos resultados:

　1. *"E inclinándose hacia ella, reprendió a la fiebre; y la fiebre la dejó, y levantándose ella al instante, les servía". (Luc.4:39)*

　2. "Se inclinó hacia ella:" Se ocupó personalmente. Ella se levantó: (restaurada) por su dolor, enfermedad y lucha emocional; recuerde que estaba postrada en cama. Quizá usted no está así físicamente, pero sí emocionalmente.

C. "Luego ella se levantó y les servía:" ¡Levántese y sírvale a Cristo, dando la gloria con todo tu corazón!

II. Jesús Imparte Salvación Y Sanidad

A. Su presencia no pasa inadvertida para Jesús. (Luc. 4:40) Las familias afligidas por diversas situaciones venían a Jesús y traían sus enfermos; podemos ver aquí dos cosas:

　1. Venían creyendo que Jesús haría algo.

　2. Intercedían por sus familiares.

B. Jesús atiende personalmente a quienes acuden a él. *(Luc.4:40) "Al ponerse el sol, todos los que tenían enfermos de diversas enfermedades los traían a él; y él, poniendo las manos sobre cada uno de ellos, los sanaba".*

1. **"Sobre cada uno de ellos:"** Los tocó personalmente a cada uno de ellos. Se puede ver a un Jesús interesado en cada persona, sin importar su estrato, su educación, o cuán grande es su dificultad…

2. **"Jesús fue movido a compasión:"** *(Mt. 14:14) "y Jesús vio una gran multitud, y tuvo compasión de ellos, y sanó a los que de ellos estaban enfermos".* Jesús conocía su dolor, sus luchas, su impotencia, su desesperanza.

III. Los Poderes Demoniacos Retroceden

A. Buen número de aflicciones son causadas por espíritus inmundos.

"…y toda la ciudad se agolpó a la puerta, y sanó a muchos que estaban enfermos de diversas enfermedades, y echó fuera muchos demonios". (Mar.1:33-34)

B. ¿Sabía que cada ser humano es como una casa, que debe abrirle la puerta del corazón a Jesús? Jesús reprendía y echaba fuera demonios de muchas personas, porque él es Dios todopoderoso. Las cadenas eran rotas y los cautivos salían de su cautiverio. Eran liberados.

C. Cristo tiene poder sobre toda aflicción. Todas las campañas y milagros que Jesús hizo no están escritos en la Biblia:

(Jn. 21:25) "Y hay también otras muchas cosas que hizo Jesús, las cuales si se escribieran una por una, pienso que ni aun en el mundo cabrían los libros que se habrían de escribir".

D. Está registrado que Jesús sanó lepra, parálisis, hidropesía, fiebre, flujo de sangre, ceguera, sordera, mudez, epilepsia, y enfermedades de muerte. Además echó fuera miles y miles de demonios, en un ministerio de 3 años aproximadamente.

Conclusión:

Jesús es el mismo ayer, hoy y por los siglos de los siglos. Él está aquí, si ha venido a buscarle, él requiere su ruego sincero y que le crea; Él quiere ocuparse personalmente de su situación. Sean sus necesidades naturales o espirituales, Jesús es el Dios Todopoderoso, capaz de responder cualquiera que sea la situación que le aflige. Abra su corazón a Jesús en este día, él puede y quiere ayudarle, de la misma forma que ayudó a la suegra de Pedro.

Preguntas:

1. ¿Por qué considera que nuestra intercesión en oración a favor de nuestra familia es tan importante?

- Porque por medio de nuestras oraciones ellos pueden recibir liberación, salvación y sanidad.

2. ¿Por qué cree que Jesús hizo tantos milagros, sanidades y liberaciones durante esos tres años y medio de su ministerio?

- Porque sentía mucha compasión por la humanidad.
- Para que los incrédulos creyeran al poder de Dios.

3. ¿Qué puede hacer una persona para alcanzar todas las bendiciones que hay en Jesucristo?

- Entregarle su corazón a Cristo para que todas y cada una de sus promesas se activen en su vida.

- Acercarse a él con un corazón sincero. Si así lo hace, recibirá respuesta a su necesidad, ya sea en el área física, espiritual o material.
- Debe creer, y caminar en obediencia a los mandatos de Dios.
- Pida también por las necesidades de su familia, amigos y vecinos, Porque eso es agradable a los ojos de Dios, y él quiere ayudarles a ellos también.

Finalmente

A. Comparta la visión para el grupo según las instrucciones de sus superiores.

B. Planear la reunión para la próxima semana: Use la hoja de metas y planeación semanal del grupo. Lo anterior lo encontrara en la sección: Dinámica Para Cada Lección, página 15.

C. Dé, los anuncios y servicios de la iglesia.

TEMA 22: CUANDO CRISTO LLEGA A NUESTRO HOGAR

Rompehielo: ¿Alguna vez ha sido visitado por alguien importante en su hogar? ¿Cómo se sintió?

Escrituras: Luc.19:1-10; Jeremías 33:3.

Introducción:

En esta ocasión, la salvación va a entrar en la casa de un marginado social: Zaqueo, "jefe de publicanos y muy rico". Hoy vamos a ver lo que ocurre cuando Cristo llega al hogar:

Cuando Jesús llega al hogar, algo grande sucede. Cuando el que nos visita es Jesucristo, todo cambia. Las palabras de Jesús, su amor, su preciosa paz cuando entra a nuestra casa, la bendice, la transforma, y junto con ello, transforma la vida de todos los que allí viven.

I. Las Palabras De Un Hombre Verdaderamente Arrepentido

A. Esto es lo que sucedió con Zaqueo, un recaudador de impuestos que siendo judío, servía al imperio Romano. Este hombre, de corazón duro, avaro y sin escrúpulos, fue alcanzado por el amor del Salvador, a quien sólo conocía de oídas, y desde aquel día todo cambió para él.

B. Veamos cuales fueron las palabras de un hombre verdaderamente arrepentido:

(Lucas 19:7-8) "Al ver esto, todos empezaron a murmurar: Ha ido a hospedarse con un pecador". Pero Zaqueo dijo resueltamente: Mira, Señor: "Ahora mismo voy a dar a los pobres la mitad de mis bienes, y si en algo he defraudado a alguien, le devolveré cuatro veces la cantidad que sea".

1. ¿Qué hizo que Zaqueo cambiara su manera de ser? La presencia de Jesús en su vida. El devolvió la mitad de lo que tenía, pues su fortuna había sido hecha con el hambre y la opresión de sus hermanos judíos.

2. Para que un hombre como Zaqueo tomara tal decisión, debió haber sido tocado por un amor y un poder muy grandes. ¡Ése es el poder y el amor de Jesús! Cuando el Señor llega a un corazón, ese corazón es transformado de manera radical.

C. ¿Cuál es la voluntad de Dios para ustedes y sus familias? Que sean salvos y que tengan una vida abundante.

1. Observemos nuevamente lo que dice *Lucas 19:8*. *"y si en algo he defraudado a alguno, se lo devuelvo cuadruplicado"*. ¡Qué gran milagro! Jesús le convenció de su pecado. Le convenció que todo ese dinero que había amasado ilegalmente, tenía que ser entregado a quienes correspondía, y le dio la voluntad y fuerza para cumplir con lo que Dios estaba depositando en su corazón.

D. ¿No es extraordinario que un hombre se confiese pecador o injusto, se arrepienta de sus pecados y determine un nuevo camino para su vida?

   1. ¿Cuántos están dispuestos a abrir su corazón para permitir que Cristo entre en su hogar? Él puede entrar en su corazón y también en su hogar. Si él entra, sus ojos verán cosas grandes y maravillosas.

   Jeremías 33:3: "Clama a mí y te responderé, y te daré a conocer cosas grandes y ocultas que tú no sabes."

   Salmos 126:2: "Nuestra boca se llenó de risas; nuestra lengua, de canciones jubilosas. Hasta los otros pueblos decían: El Señor ha hecho grandes cosas por ellos".

II. Jesús Es El Que Convence De Pecado

A. Si Jesús pudo convencer a Zaqueo, de que entregara una parte importante de sus riquezas y devolviera lo que había robado, ¿le parece que no podrá convencer a su esposa, a su esposo, a sus hijos, o a sus padres, etc. de que necesitan un cambio para sus vidas? Cuando Cristo llega al hogar, todo es transformado.

B. ¿Cuál es la situación actual de la familia? En nuestros días, las encuestas nos dan altas cifras de divorcios, de problemas familiares, de delincuencia juvenil, de jóvenes que no quieren estudiar, alcoholismo, drogadicción, violencia familiar, matrimonios de un mismo sexo etc.

C. Nosotros sabemos que no hay educación, ni esfuerzo humano que pueda brindar al hombre una nueva vida. Nuestra generación y las futuras generaciones cometerán los mismos errores de antaño, si no vuelven sus ojos y su corazón a Dios.

Conclusión:

"Hoy ha entrado la salvación a esta casa". Jesús es nuestra salvación, y ésta se verifica siempre en un cambio de vida. Jesús actúa en nuestro presente; siempre actúa en el hoy. Zaqueo se ha convertido, por el encuentro con Jesús, en un hombre nuevo, en una nueva creación, "acrecentado" y "resucitado" a una vida diferente. Y ese milagro lo ha obrado el único Dios que nos busca y nos salva. Su Nombre es Jesús: Él es el Salvador que nos busca.

Preguntas:

1. ¿Qué fue lo que provocó que Zaqueo regresara todo lo que había robado, a sus conciudadanos?
- La presencia de Jesús en su hogar provocó un cambio de mente y de corazón en la vida de Zaqueo.

2. ¿Qué fue lo que Jesús quiso decir cuando dijo a Zaqueo: Hoy ha entrado la salvación a tu casa?
- Que él tenía una nueva vida para ofrecerles.
- Que él podía ayudarlo a enderezar sus caminos torcidos.
- Que él era la solución para libertar ese corazón avaro que tenía.

3. ¿Qué es lo que Jesús ha hecho desde que llegó a su vida y a su hogar?
-Respuestas variadas-

Finalmente

A. Comparta la visión para el grupo según las instrucciones de sus superiores.

B. Planear la reunión para la próxima semana: Use la hoja de metas y planeación semanal del grupo. Lo anterior lo encontrara en la sección: Dinámica Para Cada Lección, página 15.

C. Dé, los anuncios y servicios de la iglesia.

TEMA 23: UN HOMBRE RECTO EN UN MUNDO TORCIDO

Rompehielo: ¿Cómo describiría usted una persona recta?

Escrituras: Heb. 11:7; Gen. 6:11; 2 Ped. 3:9.

Introducción:

Noé, el padre que es dirigido por Dios. Un padre que es dirigido por Dios, tendrá una familia bendecida. Así que reflexionaremos juntos sobre algunos puntos importantes en la vida de Noé. «*Por la fe, Noé, cuando fue advertido por Dios acerca de cosas que aún no se veían, con temor preparó el arca en que su casa se salvase*».

I. Un Mundo En Decadencia

A. (Gen. 6:5-6) Noé se crió en un mundo que rápidamente iba de mal en peor. Ya estaban mal en la época de su bisabuelo Enoc, otro hombre justo que caminó con Dios y que anunció que un día de juicio vendría contra toda la gente malvada. Pero en los tiempos de Noé, la maldad había llegado a límites impensables.

   1. La violencia era tanta que, a los ojos de Dios, la tierra estaba totalmente arruinada (Gen. 6:11.)

   2. ¿Por qué habían empeorado hasta ese grado las cosas? ¿Y qué lección podemos extraer de la historia demostrada?

   3. Para poder entenderlo mejor, necesitamos recordar que mucho tiempo atrás, algo terrible había ocurrido entre los ángeles del Señor. Uno de ellos se había rebelado contra Dios, por tanto, fue desechado de Su presencia junto con otros ángeles rebeldes. Fue este mismo ángel quien más tarde se convertiría en Satanás, quien hizo pecar a Adán y Eva, y posteriormente contaminó con el pecado a toda la tierra.

II. Noé, Un Hombre De Fe (Hebreos 11:7)

A. En medio de una generación perversa, Noé supo reconocer a Dios.
B. Noé contagió a sus hijos con su fe.
C. Su fe lo llevó a creer en lo que no había visto.
D. En la manifestación de su fe, él salvó a su familia.

III. Noé Fue Un Hombre Trabajador

A. No fue negligente en hacer el trabajo que Dios le había encomendado.

"Con temor preparó el arca en que se salvase". (Hebreos 11:7).

1. Como buen padre, demostró su fe en la obediencia.
2. Su trabajo garantizaba la seguridad de su familia.
3. En él, los hijos vieron un ejemplo.

IV. Noé Fue Un Hombre De Altar

A. Enseñó a sus hijos a adorar y dar gracias a Dios. "Y edificó Noé un altar a Jehová, y tomó de todo animal limpio y de toda ave limpia, y ofreció holocausto en el altar". (Génesis 8:20)

1. Como buen padre, sacó tiempo para el Padre celestial.
2. El padre que es dirigido por Dios tendrá una familia bendecida.

B. Un mundo en tinieblas, necesita una iglesia que sea luz, sin comprometer ni diluir el mensaje del Evangelio. El fin de todas las cosas está muy cerca, y Dios, al igual que en los días de Noé, nos llama para salvarnos de la condenación eterna.

C. No seamos como aquella humanidad rebelde que fue destruida por su incredulidad. Hoy, Dios nos llama al arrepentimiento. ¡Entre en el arca que es Cristo Jesús y en él estará seguro!

"El Señor no retarda su promesa, según algunos la tienen por tardanza, sino que es paciente para con nosotros, no queriendo que ninguno perezca, sino que todos procedan al arrepentimiento". (2Ped.3:9)

Conclusión:

Noé, un hombre temeroso de Dios; fue elegido por Dios para salvarse de un terrible diluvio, y de paso salvar a la humanidad, y su familia. Nosotros, también fuimos escogidos para predicar la justicia de Dios. Así como Noé por 120 años fue un fiel testigo de Dios, un predicador de rectitud, en medio de un pueblo impío y rebelde hacia Dios, así también nosotros debemos predicar en medio de una sociedad que cada vez se vuelve más y más en contra de Dios.

Preguntas:

1. ¿Cómo pudo Noé mantenerse obedeciendo la voz de Dios en un mundo lleno de pecado?

- Para él no fue nada fácil, porque la corriente de este mundo trata de llevarse a todos, pero él era un hombre recto, que se esforzaba en hacer la voluntad de Dios, a pesar de las críticas o las burlas de la gente que lo rodeaba.

2. ¿Por qué es importante que nuestros hijos vean en nosotros un corazón recto y firme para con Dios?

- Porque nosotros somos un ejemplo muy poderoso para ellos, y un modelo de cómo poder servir a Dios.

3. ¿Cuáles son las pérdidas que sufren los que no están dispuestos a someterse a la voluntad de Dios?

- Son muchas las pérdidas, pero la más importante de todas es que se pierde la salvación del alma.

Finalmente

A. Comparta la visión para el grupo según las instrucciones de sus superiores.

B. Planear la reunión para la próxima semana: Use la hoja de metas y planeación semanal del grupo. Lo anterior lo encontrara en la sección: Dinámica Para Cada Lección, página 15.

C. Dé, los anuncios y servicios de la iglesia.

TEMA 24
CONOCIENDO LA VOZ DE DIOS

Rompehielo: ¿Si lo pusieran a identificar la voz de algún miembro de su familia entre mil voces, podría hacerlo?

Escrituras: Juan 10:14, 16, 27

Introducción:

Cada uno de nosotros está en un continuo proceso de aprendizaje. Por consiguiente, es indispensable que conozcamos la voz de Dios. Él ha establecido algunas verdades para que no caigamos presos al engaño de Satanás. Discernir y reconocer la voz de Dios en medio de tantas otras voces, es un desafío a cada uno de nosotros. *(Juan 10:27) "Mis ovejas conocen mi voz..."*

I. Qué Impide Que Oiga La Voz De Dios

A. Estar alejado de Dios es el primer impedimento para oír su voz. Estar cerca de Dios es esencial para oírlo y conocerlo. La tibieza, la carnalidad desarrollan un alejamiento entre nosotros y Dios.

1. Él no nos hablará audiblemente las cosas que ya nos dejó en las Escrituras. Nuestra responsabilidad es estudiar y obedecer, aceptando las escrituras como Su voluntad y su voz.

2. Dios deja muchas cosas al sentido común. Dios no tiene que hablarnos concerniente a dónde estacionarnos o sentarnos, o si debemos caminar en la acera, etc. Decisiones menores son dejadas a lo que Dios nos ha dado, que es inteligencia innata.

3. Antes de que usted se mueva o actúe, esté seguro que es la voz de Dios y no sus sentimientos o deseos que lo están induciendo a hacer algo. Por ejemplo, antes de comprar una casa, cambiar de iglesia, separarse de sus padres, contraer un matrimonio, debe haber orado y estar seguro que Dios le ha guiado a tomar la decisión correcta.

II. Métodos Por los que Habla Dios

A. Por la Palabra de Dios. La Biblia es la fuente más fiable por la que Dios nos habla. Sin error, ni contradicción, podemos confiar en la Palabra de Dios como la principal fuente de autoridad. (2Ped.1:19)

1. Obedezca la Palabra de Dios sin tener en cuenta el costo.

B. Por su pastor, al predicar su palabra. Dios puede hablarnos directamente a través de nuestro pastor o algunos otros ministros, para bienestar espiritual. Dios habló por medio de Moisés para ayudar a Israel, dándoles dirección (Num.9:23, 2 R.17:13-14, Dan.9:9-10).

C. Por Ángeles. Dios tiene ángeles a su servicio y puede enviar uno a nosotros con el mensaje. Medite en estos ejemplos, de algunas de las personas a quienes los ángeles les visitaron:

- Agar (Génesis 16:7-11)
- Abraham (Génesis 22:11-19)
- Zacarías (Lucas 1:5-22)
- Cornelio (Hechos 10: 1-8)
- Felipe (Hechos 8:26-27)
- Pedro (Hech.12:7)

III. Medidas Que Podemos Tomar Para Saber Si Es La Voz De Dios

A. Compare con la Palabra de Dios lo que usted está oyendo. Inmediatamente rechace cualquier mensaje o impresión contradictoria a la Escritura. Algo que venga de Dios armonizará con la Biblia y el espíritu de la Palabra.

B. Pregunte a alguien con más experiencia acerca de lo que está oyendo. Aproveche el conocimiento de aquéllos que ya hayan atravesado por el camino que usted tiene ahora por delante.

Samuel, tuvo la guía de Elí para discernir la voz de Dios en su juventud. (1 Samuel 3:1-10). Usted y yo necesitamos la sabiduría de otros.

IV. Qué Hacer Cuando Usted Se Equivoca, Por No Reconocer La Voz De Dios

A. Vidas, han fracasado porque alguien se confundió y escuchó la voz del enemigo, en lugar de la voz de Dios. Si alguna vez esto le ha pasado a usted, quizás estos pocos comentarios traerán consuelo y nueva dirección a su vida. Como ninguno de nosotros está exento de cometer errores, necesitamos ser sumamente cautos. La Palabra escrita de Dios es clara y debemos apegarnos a ella.

B. Si usted está sufriendo debido a la rebelión contra la dirección de Dios, sólo necesita una palabra de consejo: arrepiéntase y siga buscando la dirección de Dios. El problema, por grande que sea, se resolverá. Usted puede ser productivo y exitoso.

C. Si usted ha fallado o cometido un error, no está todo perdido; el Pastor de pastores todavía vive, ama y guía. Su voz todavía llama. Bendiciones indescriptibles esperan a aquéllos que oyen, conocen y obedecen Su voz. Salmos 23:1-3 (NTV)

Preguntas:

1. ¿De qué forma puede Dios hablar a nuestras vidas, para mostrarnos su voluntad?

- Él nos habla por medio de Su palabra, por medio de circunstancias que estamos pasando, por medio de ángeles, por medio de su pastor o algún predicador, etc.

2. ¿Qué es lo que impide que una persona escuche la voz de Dios?

- El pecado es un gran bloqueo para escuchar la voz de Dios.
- Cuando una persona deja de orar y leer la Palabra con regularidad, entonces sus oídos perderán sensibilidad a la voz de Dios, y se encontrarán muchas veces siendo guiados por una voz que no es la de Dios.

3. ¿Cuáles son los beneficios de ser guiados por la voz de Dios?

- Seremos conducidos siempre a toda verdad y justicia.
- El Señor, siempre nos guardará de desviarnos de su camino y nos dará la sabiduría que necesitamos para tomar decisiones correctas en nuestro diario vivir.

Finalmente

A. Comparta la visión para el grupo según las instrucciones de sus superiores.

B. Planear la reunión para la próxima semana: Use la hoja de metas y planeación semanal del grupo. Lo anterior lo encontrara en la sección: Dinámica Para Cada Lección, página 15.

C. Dé, los anuncios y servicios de la iglesia.

SECCION 7

TEMA 24 Dependencia Total

TEMA 25 Una Salvación Tan Grande

TEMA 26 Usted Vive En La Zona De Combate

TEMA 27 Expanda Su Visión

TEMA 25: DEPENDENCIA TOTAL

Rompehielo: ¿Por qué un bebé necesita depender tanto de su madre?

Escrituras: Jn. 15:1-6; Luc.12:16-20; 1 Jn. 2:15

Introducción:
Hoy por hoy, tenemos un mundo lleno de ansiedad a causa de la independencia. Los obreros buscan independencia de empleo. Los sindicatos, los organismos, los pueblos y los hijos buscan no depender de nadie sino de sí mismos. Es como una competencia por demostrar autosuficiencia y desprecio por todo tipo de ayuda. Aun muchas iglesias son llevadas a este mecanismo de autosuficiencia.

I. Nada Existe Sin Mecanismos De Dependencia

A. Las plantas dependen de la lluvia de las nubes.
B. Las nubes dependen de los lagos y mares.
C. La luna depende de la luz del sol para brillar.
D. La vegetación y los animales dependen del intercambio entre ambos (oxígeno y bióxido de carbono).
E. Los lagos dependen del río, y el río del arroyo, etc.
F. El niño depende de sus padres, y el padre de su empleador.

II. El Hombre Es Un Ser Dependiente

A. Su dependencia comenzó en Dios, recibiendo de Dios mismo el soplo de vida. Su vida actual es la continuidad de provisión para esa vida. *(Gen.2:7) "Entonces Jehová Dios formó al hombre del polvo de la tierra, y sopló en su nariz aliento de vida, y fue el hombre un ser viviente" (Job.33:4) El espíritu de Dios me hizo, Y el soplo del Omnipotente me dio vida".*

B. Si el hombre se suelta de Dios, todo se derrumba. Cuando nos alejamos de Dios, nos secamos, nos marchitamos, se pierde el sentido por la vida, (en otro tiempo vivíamos huecos y con un descontento habitual)

C. El hombre rico y materialista, trató de depender de sí mismo y no de Dios, confiando sólo en sus riquezas. Uno de ellos, un día dijo:

"Alma mía muchos bienes tienes atesorados para muchos años", sin darse cuenta que el Señor esa noche le llamaría a cuentas. (Lucas 12:16-20).

D. Al ser independientes hay un peligro muy grande: O dependemos de Dios, o Satanás nos ofrecerá depender de él. Nos engañará con alternativas tales como:

1. Vicios
2. Co mplacencias
3. Desviaciones
4. Falsos placeres, etc.

E. La Biblia nos da un sabio consejo:

(1Jn.2:15) "No améis al mundo, ni las cosas que están en el mundo. Si alguno ama al mundo, el amor del Padre no está en él. Porque todo lo que hay en el mundo, los deseos de la carne, los deseos de los ojos, y la vanagloria de la vida, no proviene del Padre, sino del mundo. Y el mundo pasa, y sus deseos; pero el que hace la voluntad de Dios permanece para siempre".

III. Gloriosa Dependencia

A. Dios nos creó como su familia. Dios nos enseña a compartir y vivir dependiendo de él.

1. David lo enseñó claramente en los salmos:

(127:1) "Si Jehová no edificare la casa, En vano trabajan los que la edifican; Si Jehová no guardare la ciudad, En vano vela la guardia".

2. Jesús lo mostró en la vid:

(Jn.15: 5) "Yo soy la vid, vosotros los pámpanos; el que permanece en mí, y yo en él, éste lleva mucho fruto; porque separados de mí nada podéis hacer".

3. Pedro y los demás apóstoles se acostumbraron a depender de Dios:

   (Juan 6:67-68) "Dijo entonces Jesús a los doce: ¿Queréis acaso iros también vosotros? Le respondió Simón Pedro: Señor, ¿a quién iremos? Tú tienes palabras de vida eterna".

B. Solo Dios hace al hombre feliz; los que se han ido, han regresado.

   1. David, tuvo que regresar humillado (Sal.51:11-12)
   2. El hijo Prodigo, también regresó, pidiendo perdón (Luc.15:18-19)
   3. Noemí, salió de la ciudad de Dios, pero después retornó arrepentida a Belén, casa de la bendición (Rut 1:21-22)

Conclusión:

¿Cuál es tu caso? ¿Has dejado de depender de Dios? La hoja que se desprende de la planta se muere. Si sientes que te estás marchitando, todavía estás a tiempo para reverdecer, si reclamas y te apoyas en tu Dios. Si has dejado de lado la dependencia de Dios, ten cuidado; puedes morir sin Dios y finalmente perder la vida eterna.

Preguntas:

1. ¿Por qué es importante que dependamos de Dios, de la misma forma como un bebé depende de su madre?

- Porque así como una madre ama, cuida, y protege a su bebé de todo peligro, de la misma forma Dios cuida de nosotros.

- Porque así como una madre enseña a caminar a sus hijos y los protege de que no se caigan, de igual modo El Señor nos enseña a caminar en esta vida y nos da su protección para que no caigamos en las garras del maligno.

2. ¿Cuáles son los peligros de dejar nuestra dependencia en Dios?

- El maligno prontamente tomará ventaja sobre nosotros y correremos el peligro de ser arrastrados nuevamente por las pasiones y los deleites que este mundo ofrece, pero que llevan a la perdición y la condenación eterna.

3. ¿Existen algunas áreas en su vida en las cuales no ha podido depender de Dios completamente para que lo guíe? ¿Cuáles son y por qué no ha podido confiárselas?

- Respuestas variadas según experiencias personales

Finalmente

A. Comparta la visión para el grupo según las instrucciones de sus superiores.

B. Planear la reunión para la próxima semana: Use la hoja de metas y planeación semanal del grupo. Lo anterior lo encontrara en la sección: Dinámica Para Cada Lección, página 15.

C. Dé, los anuncios y servicios de la iglesia.

TEMA 26: UNA SALVACIÓN TAN GRANDE

Rompehielo: ¿Alguna vez estuvo en peligro y alguien llegó justo a tiempo para ayudarle?

Escrituras: 1 Pedro 1:18-19; Heb. 2:1-4;

Introducción:

Nuestra necesidad de ser salvos se hace evidente cuando estudiamos la creación y caída de nuestros primeros padres, Adán y Eva. Su caída en el pecado y expulsión del jardín del Edén sumió a la raza humana y las generaciones subsiguientes en pecado.

I. El Pecado Demanda De Un Salvador Para Toda La Humanidad

A. Un completo entendimiento de esta palabra es importante; necesitamos explicar nuestro tema totalmente. Ser salvo significa:

1. Preservación de la destrucción.
2. Rescate de la esclavitud del pecado y de la muerte eterna.
3. Librar, proteger, sanar, conservar o estar completo.

II. Ninguna Escapatoria Para El Que Descuida Esta Salvación

A. El escritor usó el calificativo salvación como: "grande", para describir la seguridad que Jesucristo vino a traernos. Él también nos advirtió que no hay ninguna escapatoria, si nosotros descuidamos esta salvación.

1. Saúl la descuidó.
2. Judas la descuidó.
3. Ananías y Safira la descuidaron, y no hubo escape.

B. Esta salvación es tan grande, porque incluye liberación de:
1. Las aflicciones (2Timoteo 3:11; Hechos 7:9-10)
2. Daños físicos (2Pedro 2:7)
3. La Esclavitud (Hechos 7:34-35)
4. La tentación (2Pedro 2:9)
5. La potestad de Satanás (2Timoteo 4:17)
6. Del mal (2Timoteo 4:18; Mateo 6:13)
7. La condenación (Romanos 8:1)

C. Junto con estos testimonios hay numerosas referencias de aquéllos que fueron liberados o salvos de la posesión demoníaca, enfermedades, dolencias, ejércitos enemigos y situaciones peligrosas.

1. El poder de Dios no conoce ningún límite. Aunque esta lección tiene que ver con la salvación del alma del hombre, el poder libertador de Dios no está limitado a la salvación del pecado solamente.

III. La Doctrina De La Salvación Incluye

A. Reconciliación: Restauración al favor divino, un cambio de la enemistad a la amistad, armonía con Dios.

(2 Corintios 5:17-18) "De modo que si alguno está en Cristo, nueva criatura es; las cosas viejas pasaron; he aquí todas son hechas nuevas. Y todo esto proviene de Dios, quien nos reconcilió consigo mismo por Cristo..."

B. Él nos compró, nos libertó, nos socorrió y nos rescató a precio de sangre:

"Sabiendo que fuisteis rescatados de vuestra vana manera de vivir, la cual recibisteis de vuestros padres, no con cosas corruptibles, como oro o plata, sino con la sangre preciosa de Cristo, como de un cordero sin mancha y sin contaminación". (1 Pedro 1:18-19).

C. Regeneración: Una remodelación espiritual.

"Porque nosotros también éramos en otro tiempo insensatos, rebeldes, extraviados, esclavos de concupiscencias y deleites diversos, viviendo en malicia y envidia, aborrecibles, y aborreciéndonos unos a otros. Pero cuando se manifestó la bondad de Dios, y su amor para con los hombres, nos salvó, no por obras de justicia que nosotros hubiéramos hecho, sino por su misericordia y por la renovación en el Espíritu Santo,..." (Tito 3:3-5).

1. Considere que por el pecado tenemos que ser reconstruidos, o nacer de nuevo, como Jesús enseñó (Juan 3:1-8); la Biblia llama a esto regeneración.

2. El pecado nos había separado de Dios.

3. Nos vendimos al pecado, pero Cristo nos volvió a comprar por Su sangre, ésta es la redención.

Conclusión:

Una vez fuimos tomados cautivos por Satanás, pero Jesucristo vino y pagó cada demanda para que nuestras almas pudieran ser liberadas. Este es un rescate divino. Y si hoy usted está cautivo por el pecado del vicio, de la soledad o tristeza, Jesucristo está en medio nuestro para darle la victoria completa. Sea sincero y confiese a Dios sus pecados y tendrá una victoria segura.

Proverbios 28:13 (NBLH) "El que encubre sus pecados no prosperará, Pero el que los confiesa y los abandona hallará misericordia".

Preguntas:

1. ¿Qué significados encierra la palabra "salvación":
   - Liberación, ayuda, redención, perdón, etc.

2. ¿Aparte de la salvación de nuestra alma, cuáles otros beneficios Jesús nos ofrece en el paquete de la salvación?
   - Liberación de los vicios, sanidad de enfermedades, liberación de espíritus malos, liberación de tentaciones, liberación de las garras del maligno.

3. ¿Cuáles son las áreas donde ha recibido liberación desde que llegó Cristo a salvarle?
   - Respuestas variadas según experiencias personales

Finalmente

A. Comparta la visión para el grupo según las instrucciones de sus superiores.

B. Planear la reunión para la próxima semana: Use la hoja de metas y planeación semanal del grupo. Lo anterior lo encontrara en la sección: Dinámica Para Cada Lección, página 15.

C. Dé, los anuncios y servicios de la iglesia.

TEMA 27: USTED VIVE EN LA ZONA DE COMBATE

Rompehielo ¿De qué manera se prepara un soldado para ir a la guerra o a la zona de combate?

Escrituras: Efesios 6:10-13, 1Pedro 5:8, Lucas 22:45-46.

Introducción:
La Biblia dice que nosotros tenemos una lucha, pero que no es contra carne ni sangre; en otras palabras, esta lucha o combate no es contra nuestro prójimo, sino contra seres espirituales de maldad; o sea contra demonios.

(Efesios 6:12) "Porque no tenemos lucha contra sangre y carne, sino contra principados, contra potestades, contra los gobernadores de las tinieblas de este siglo, contra huestes espirituales de maldad en las regiones celestes".

I. Las Ventajas De Los Demonios

A. Al tener cuerpos espirituales, pueden seguir de cerca sus pasos; ponerle trampas, seguirlo y vigilarlo dondequiera que usted vaya, sin que usted sepa.

1. Tratarán de debilitar sus planes.
2. Invadirán su vida de oración.
3. Invadirán su lectura de la Biblia.
4. Le robarán su asistencia a la Iglesia.
5. Le interrumpirán su trabajo en la obra.
6. Interceptarán sus pensamientos.
7. Le impedirán que usted comparta su testimonio.
8. Lo desalentarán en todas las formas que conozcan.
9. Con mucha frecuencia utilizarán sus amigos y su familia para hacerlo.

B. Los cristianos que no resisten al diablo y no huyen de las tentaciones, están en realidad confraternizando con el enemigo. ¿Cuántos cristianos actúan de manera tal que hieren o perturban a otros creyentes? Inclusive ¿Cuántos hablan mal de sus hermanos?

II. Usted Vive En La Zona De Combate

A. Nuestro conocimiento de la obra del enemigo nos debería alentar inmediatamente en dos campos:

1. La oración. (Lucas 22:40-46) Un cuadro muestra a un padre orando arrodillado junto a la cama de su hijo. Detrás de la ventana los demonios están tratando de entrar, pero un ángel del Señor les está bloqueando el paso.

2. Como padre, quiero convencerle de la importancia de orar. Caiga de rodillas, ore por sus hijos, interceda por ellos. Cuando usted lo haga, los ángeles de Dios frustrarán los

planes de los demonios. Mientras usted sea fiel en la oración, el enemigo no podrá hacerles daño.

3. Reconozcamos que si no pasamos tiempo orando de rodillas, intercediendo ante Dios, no podemos dar a nuestros hijos la ayuda y protección que verdaderamente ellos necesitan.

4. La obediencia. *(1 Samuel 15:22-23)* En la obediencia Dios mantendrá fuera al enemigo. Algunos piensan que todo lo que deben hacer es arrojar fuera los demonios y todo estará bien.

5. Escuche: Satanás no se asusta con tanta facilidad. Antes de que usted se dé cuenta, él estará de pie acosándolo de nuevo, y lo vencerá si no ha cerrado todas las puertas. *(Mateo 12:43-45)*

III. ¿Cómo Tratar Con Un Demonio Cuando Se Le Acerque?

A. Recuérdele su futuro, porque la Biblia dice que el lago de fuego fue preparado especialmente para el diablo y sus demonios. Los pecados pasados de usted no importan, pero los de él sí importan.

1. Si el miedo hace su aparición, mencione las promesas de Dios para usted *(Salmos 118.6, 2 Timoteo 1:7).*

2. Cuando las preocupaciones lo invadan, dígale al enemigo: «Mi Jesús dice que no me preocupe por el mañana, (véase Mateo 6.34). Así es como usted tiene la victoria.

Conclusión:

Seamos conscientes del mundo en que vivimos. Refuerce las áreas débiles de su vida, no descuide su vida de oración, lectura y su asistencia a la Iglesia. Hay que estar conscientes de que los días finales se acercan y que debemos estar preparados para la batalla. En este día, reciba a Cristo en su corazón y recibirá una protección angelical en todos sus caminos. *(Sal.91)*

Preguntas:

1. ¿Por qué todo soldado que va a la guerra debe estar bien preparado?

- Porque tiene un enemigo que tratará de aniquilarlo.
- Porque el enemigo tiende trampas y si no está bien preparado, caerá en ella.
- Todo soldado debe salir a la guerra con la visión de luchar y ganar; por tanto, debe tener siempre las armas de guerra en su mano.

2. ¿Cuáles son las armas de guerra que todo soldado de Jesucristo debe portar?
- Oración, lectura de la palabra, fe, prudencia, intercesión, alabanza, adoración, ayuno, etc.

3. ¿De qué forma despojamos a nuestro adversario cuando utilizamos esas armas poderosas?
- Destruimos sus fortalezas, le arrebatamos vidas que tiene en cautiverio, le destruimos sus perversos planes que tiene contra nuestra familia o Iglesia, debilitamos su poder espiritual y desatamos lo que él ha tenido atado.

Finalmente

A. Comparta la visión para el grupo según las instrucciones de sus superiores.

B. Planear la reunión para la próxima semana: Use la hoja de metas y planeación semanal del grupo. Lo anterior lo encontrara en la sección: Dinámica Para Cada Lección, página 15.

C. Dé, los anuncios y servicios de la iglesia.

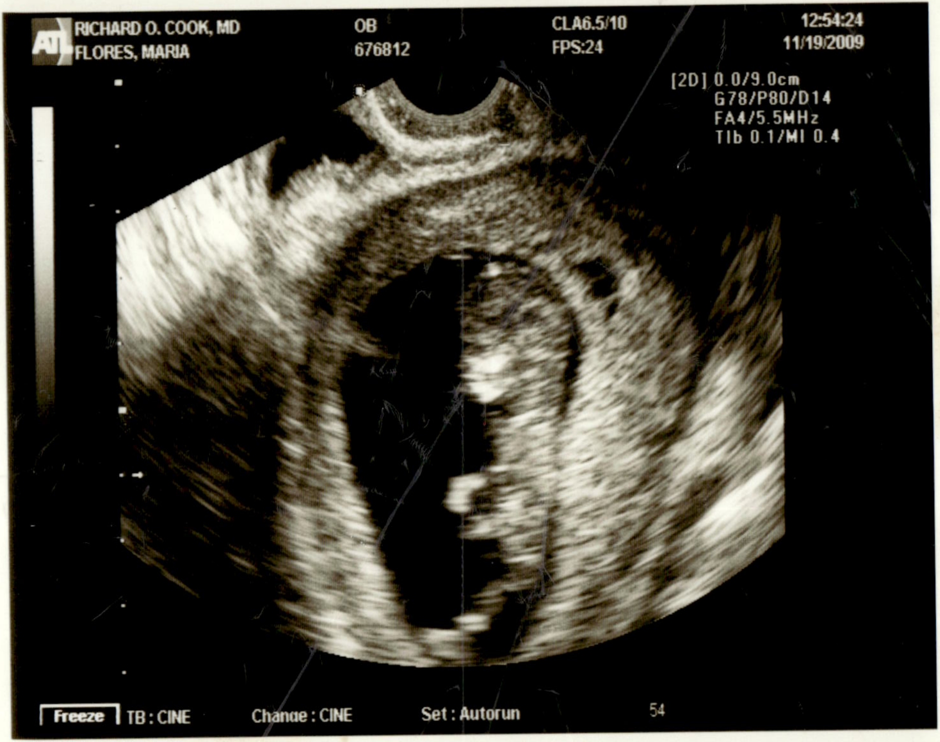
RICHARD O. COOK, MD
FLORES, MARIA
OB
676812
CLA6.5/10
FPS:24
12:54:24
11/19/2009
[2D] 0.0/9.0cm
G78/P80/D14
FA4/5.5MHz
TIb 0.1/MI 0.4
Freeze
TB : CINE
Change : CINE
Set : Autorun
54

TEMA 28
EXPANDA SU VISIÓN

Rompehielo: ¿Es usted una persona a quien le gusta trazarse metas en la vida? ¿Por qué?

Escrituras: Isaías 54:2-3, Isaías 43:18-19, Mateo 9:16-17

Introducción:

Quizá usted ha asumido que ya ha llegado a los límites de su vida, que nunca tendrá más éxito y dice en su corazón: "Nunca lograré ser importante, ni haré algo significativo o disfrutaré las cosas buenas de la vida, como he visto que otras personas las disfrutan". Tristemente, usted tiene toda la razón, a menos que esté dispuesto a cambiar su forma de pensar.

Mario Oseguera

I. Su Manera De Pensar Puede Impedirle Recibir Lo Mejor De Dios

A. El primer paso hacia el éxito es transmitir su visión. Para vivir una mejor vida, tiene que ver la vida a través de los ojos de la fe en Dios, visualizando que:

1. Su negocio crece.
2. Su matrimonio es restaurado.
3. Su familia es prosperada.
4. Sus sueños se cumplen.

Primero tiene que concebir la situación en su mente, y después creer que es posible. *(Marcos 9:23 "Jesús le dijo: Si puedes creer, al que cree todo le es posible")*. También dice la palabra de Dios que debemos proclamar las cosas que no son como si fuesen, es decir que aunque todavía no las vemos, debemos creer y proclamar que ya las tenemos.

B. Usted producirá lo que ve de continuo en su mente. Si usted alimenta una imagen de derrota y fracaso, de "soy un don nadie", entonces usted vivirá esa clase de vida. En cambio, si usted desarrolla una imagen de victoria, éxito, salud, abundancia, gozo, paz y alegría, nada en el mundo podrá detenerle de experimentar lo mismo.

C. Dios desea que usted alcance nuevas alturas (III Juan1:2).

1. Dios quiere que éste sea el mejor momento de su vida, pero para recibir este favor tiene que creerlo. No puede vivir siempre con pensamientos de derrota. No diga: "Bueno, pues ya llegué hasta donde permite mi educación; o, tengo años con esta enfermedad, quizá así tenga que morir".

2. El Reino de las tinieblas envía pensamientos a la mente del hombre; estos pensamientos se convierten en emociones, sentimientos, palabras y acciones negativas, erróneas, llenas de temor. En el Libro de Job (cap. 42, v. 3) encontramos que él dice: *"yo hablaba lo que no entendía";* y en Job 3:25 señala: *"el temor que me espantaba me ha venido, y me ha acontecido lo que yo temía"*

3. ¿Desea tener una vida victoriosa en Cristo? Hasta que no abandone su manera errónea de pensar, no obtendrá cosas buenas en su vida.

II. Deshágase De Esos Odres Viejos (Mateo 9:16-17)

A. Es interesante que cuando Jesús quiso animar a sus seguidores a expandir su visión, les recordó que "no se echa vino nuevo en odres viejos" Jesús estaba diciendo que no se puede tener una vida abundante con viejas actitudes y costumbres; debe cambiar su vieja manera de pensar.

1. Dios quiere hacer algo nuevo en nuestra vida, pero a menos que estemos dispuestos a cambiar, no podremos ser partícipes de las oportunidades que él tiene para nosotros.

2. Termine cada día, agradezca a Dios y déjelo atrás. Ha hecho lo que podía; mañana es un nuevo día. Comience su nuevo día con serenidad, pidiendo la dirección del Espíritu Santo, y con gran ánimo para que los errores del ayer no le impidan avanzar. Dios quiere llenar su vida con "vino nuevo", y llevarlo a nuevos niveles de crecimiento espiritual.

¿Estará usted dispuesto a deshacerse de sus odres viejos? ¿Comenzará a pensar más en grande? ¿Expandirá su visión y se deshará de aquellas maneras negativas de pensar que le impiden avanzar?

B. El pastor Joel Osteen comentó: Un hombre que se encontraba a punto de divorciarse me dijo: " ¿Cómo podría restaurar mi matrimonio? Mi esposa y yo siempre hemos tenido problema tras problema". Le dije: "Debes dejar de meditar en aquellos pensamientos negativos y destructivos que te mantienen estancado. Tu vida no cambiará, si antes no cambias tu manera de pensar."

   1. Dios tiene mucho más para usted. Visualícese alcanzando un nuevo nivel, haciendo algo significativo, viviendo en aquella casa de sus sueños.

   2. Cuando se levante por la mañana debe proclamar: "Haré algo grande. Saldré adelante en mi carrera. Serviré a los demás con entusiasmo. Saldré de este molde y subiré a nuevos niveles."

III. Cuando Dios Quiere Bendecirnos, Nos Acerca A Personas Bendecidas

A. Dios ha permitido que se crucen por su camino personas que tienen mucho más éxito que usted, que tienen matrimonios más fuertes, y que están gozando del favor de Dios. Así que, cuando usted sabe de otras personas que están triunfando en sus vidas, sienta ánimo en lugar de sentir envidia. No diga:

   1. Eso nunca me podría pasar a mí.
   2. No cuento con suficiente talento.
   3. Nunca poseeré tanto dinero.

B. Cambie su manera de pensar y comience a esperar que Dios haga grandes cosas en su vida. En su interior deberá decir:

   1. Dios, yo sé que Tú me puedes bendecir.
   2. Yo sé que puedo disfrutar de un matrimonio fenomenal.

3. Yo sé que puedo ser feliz.
   4. Yo sé que puedo vencer esta adicción.
   5. Yo sé que puedo alcanzar aquellos nuevos niveles".

C. Éste es su tiempo.

   1. Puede ser que esté batallando en sus finanzas, pero éste es el tiempo para ascensos.

   2. Amigo, si usted se pone de acuerdo con Dios, ésta podría ser la mejor época de su vida.

   3. Éste podría ser el tiempo en que Dios derrame su favor más allá de lo que puede imaginar.

D. Dios quiere mejorar su matrimonio, restaurar su familia o ascenderle en el trabajo. Pero esa semilla de oportunidad no se arraigará en medio de sus dudas.

Conclusión:

Con Dios de su lado, es imposible que usted pierda. Él puede abrir camino donde parece imposible hacerlo. Él puede abrir puertas que ningún hombre puede abrir. Él Puede darle una nueva visión. Con Dios, todas las cosas son posibles. No se conforme con un cuadro pequeño. Servimos al Dios que creó el universo. Tenemos que eliminar esa mentalidad pobre.

Preguntas:

1. ¿Cuáles son los obstáculos que le están impidiendo expandir su visión?
- Falta de fe, temor, limitaciones personales, etc.

2. ¿Qué podemos hacer para mejorar nuestra visión?

- Orar más, dejar de ser negativos, juntarse con personas visionarias, soñar cosas grandes.
- Creer que Dios tiene mejores cosas para nosotros, porque dice su palabra que él nos ha puesto por cabeza y no por cola.

3. ¿Cuál es su visión para este año?
- Ganar muchas almas, ser parte de un ministerio en la Iglesia.
- Obtener una carrera profesional.
- Comprar una casa, un vehículo, etc.

Finalmente

A. Comparta la visión para el grupo según las instrucciones de sus superiores.

B. Planear la reunión para la próxima semana: Use la hoja de metas y planeación semanal del grupo. Lo anterior lo encontrara en la sección: Dinámica Para Cada Lección, página 15.

C. Dé, los anuncios y servicios de la iglesia.

SECCION 8

TEMA 29 Abriendo La Puerta De Tu Potencial

TEMA 30 La Luz De Su Presencia

TEMA 31 Los Efectos De La Ansiedad

TEMA 32 El Remedio Para La Ansiedad

TEMA 29: ABRIENDO LA PUERTA DE TU POTENCIAL

Rompehielo: ¿Se considera usted una persona entusiasta y emprendedora, o una persona pesimista y temerosa?

Escrituras: Joel 3:10; Rom.8:37; Jua.10:10; Prov.17:22; 1Tes.5:16

Introducción:

Salvador Iserte dijo: "La fuerza que conquista al mundo es el entusiasmo ardiente". La pregunta es: ¿Qué fuego le estamos poniendo a lo que hacemos, para poder obtener lo que queremos?

I. Ponga Entusiasmo A Todo Lo Que Haga (Prov.18:14)

A. Una Persona entusiasta comunica ánimo a todos los que tratan con ella. Muchas hazañas no se han realizado por falta de entusiasmo. El ánimo es necesario para vencer los obstáculos. Pero no espere recibirlo de alguien, porque consiste en una disposición del propio espíritu; alguien puede motivarlo, levantarle el ánimo, pero si usted no hace nada para mantener esa chispa encendida, muy pronto el fuego se apagará y volverá a su estado anterior.

1. El entusiasmo, es contagioso y vence las montañas más altas.

B. Lo que sucede con el pesimismo:

1. El pesimismo es un espíritu de tinieblas que enlaza al hombre; lleva a sus víctimas a la cobardía, a la tristeza, al desánimo, a la desesperación, a la depresión, y muchas veces a la muerte. El Pesimista por donde pasa deja una nota sombría.

2. Tome ahora una resolución y proclame: ¡Haré cada cosa lleno de sano optimismo! (Prov.24:10)

II. Abra La Puerta A Su Potencial

A. Tenemos poder, pero no lo hemos soltado. (2 Tim.1:7; Luc.10:19) Se dice que los lugares más ricos de la tierra no son los pozos petroleros de Kuwait, ni las minas de oro del Africa, sino los panteones de la ciudad, porque ahí es donde miles de hombres sepultaron todo su potencial.

B. Hay potencial dormido. El mejor campo para desarrollar el potencial es en las enfermedades, en la lucha por la vida, en el trabajo duro, los peligros o en el desánimo.

C. El hombre ha nacido para luchar y ha de luchar siempre. Los hombres y mujeres que se quejan de las dificultades que tienen hoy día y que creen su caso único, algo así como si un maleficio les persiguiera, se equivocan; la inmensa mayoría de los seres humanos tiene que hacer frente a pruebas económicas, morales, espirituales y físicas. Pero siguen luchando.

III. La Escuela De La Adversidad

A. Es en medio de los golpes-duros, donde el hombre y la mujer se fortalece y se prepara para una gran labor. En ella se acostumbra el alumno a pasar hambre, frío y sed. Es una escuela áspera, pero fortalecedora. De un hombre y una mujer común y corriente puede salir una persona poderosa en Dios. En la lucha se han educado personajes célebres.

IV. Dios Formó Sus Candeleros En El Yunque De La Adversidad

1. Formó a Moisés, en las arenas candentes de Madián, en medio de un pueblo voluble y rebelde.

2. Formó a Pablo, en medio del desprecio, cárceles, azotes, hambre y persecución.

3. Formó a José, en medio del odio, burlas, envidias, desprecios, acusaciones falsas, siendo llevado a la prisión, y olvidado por sus amigos de prisión.

4. Formó a David, soltándole osos, leones, gigantes, Saúles y Absalones.

Conclusión:

Al hacer frente con valentía a las tormentas de la vida, sus potencias internas se fortalecerán, y llegará a ser lo que debe ser: Un campeón en la lucha por la vida. El talento se cultiva en la soledad, pero el carácter se forma en las tormentas de la vida. No pierda, pues, la batalla, y si la pierde, redoble el ataque con nuevas energías. Repóngase y pase al contraataque. Adquiera la costumbre de vencer. Siéntase superior a los peligros.

Preguntas:

1. ¿Por qué es tan importante mantener el entusiasmo y la pasión por lo que hacemos?

- Porque una persona entusiasmada y con pasión en lo que hace, no perderá la visión ni la meta a dónde quiere llegar aunque se encuentre con grandes barreras y obstáculos en el camino.

2. ¿Qué sucede en la vida de una persona que no tiene visión?

- Esa persona difícilmente emprenderá cosas que lo lleven al éxito, porque el temor, el pesimismo y el conformismo serán una gran barrera para que pueda obtenerla.

3. ¿De qué forma los retos, los obstáculos y barreras son beneficiosos en la vida de personas de visión?

- Porque los obstáculos que enfrentan les ayudará a mejorar el trabajo que están desarrollando, a ser más fuertes; serán personas perseverantes en lo que están tratando de lograr, su fe también crecerá, porque detrás de toda prueba hay escondida una victoria.

Finalmente

A. Comparta la visión para el grupo según las instrucciones de sus superiores.

B. Planear la reunión para la próxima semana: Use la hoja de metas y planeación semanal del grupo. Lo anterior lo encontrara en la sección: Dinámica Para Cada Lección, página 15.

C. Dé, los anuncios y servicios de la iglesia.

TEMA 30
LA LUZ DE SU PRESENCIA

Rompehielo: ¿Es usted de las personas que le gusta disfrutar de los días brillantes y soleados, o de los días nublados?

Escrituras: Juan 8-12; Rom.13:12-13; Sal.107:13

Introducción:

El Pastor Mario Oseguera comentó: "A mí me gusta la luz y la claridad. Los restaurantes tristes me deprimen, porque no me gusta la oscuridad; Tampoco me gustan los cultos tristes, ni testimonios tristes o mensajes de predicaciones tristes".

(Isaías 9:2) "*El pueblo que andaba en tinieblas vio gran luz; los que moraban en tierra de sombra de muerte, luz resplandeció sobre ellos*".

I. Los Peligros De Caminar En La Oscuridad

A. Hay peligro cuando se camina en la oscuridad, cuando se maneja en la oscuridad, y cuando se vive en la oscuridad.

1. Hace algunos años, un explorador inglés, murió cuando exploraba las grutas de Cacahuamilpa, México. Esto se debió a que por algún motivo se apagó la luz que llevaba para alumbrarse y salir de la inmensa cueva donde se encontraba en esos momentos. Tristemente, después de algunos meses, encontraron los huesos del explorador y de su perro. Puedo asegurar que este hombre se encontró frente a una inmensa oscuridad, tal como está hoy el mundo.

II. La Luz Alumbra A Todos Los Humanos

A. Así como la luz del sol beneficia a todos: blancos, negros, ricos, pobres, de la misma manera Jesucristo no hace acepción de personas para impartir su luz.

B. Jesús es el padre de las luces. Él es más brillante que todos los millones de soles que existen en las galaxias. Pablo quedó ciego, como muerto, por tres días, al ver esa Luz.

C. Cuando los hombres endurecen el corazón, el mismo Señor se encarga de enviar tinieblas sobre ellos.

(Job.12: 24-25) "Quita la inteligencia a los jefes de un país y los hace perderse en un desierto sin camino, donde andan a tientas en la oscuridad, tambaleándose como borrachos". (Exo.10:20-23)

D. Como la velocidad de la luz, trescientos mil kilómetros por segundo, Dios no tarda horas, días, meses o años en llegar.

Cuando hay un alma necesitada y clama, ¡Él allí está! Salvando, sanando y bautizando con Su Espíritu Santo.

III. Los Cristianos Reflejamos A Cristo En Nuestras Vidas (Mat.5:14)

A. Si dejamos que su luz brille en nosotros, Él nos ayudara a alumbrar a otros.

(Isa.42:6-7) "Yo Jehová te he llamado en justicia, y te sostendré por la mano; te guardaré y te pondré por pacto al pueblo, por luz de las naciones, para que abras los ojos de los ciegos, para que saques de la cárcel a los presos, y de casas de prisión a los que moran en tinieblas".

B. Al Diablo le gusta actuar en la oscuridad, por eso debes multiplicar los watts en tu vida. El Diablo se desplaza mucho de noche, porque es un espíritu de la oscuridad. Por la noche, se cometen los peores crímenes. Todo animal que se mueve de noche causa mucho pavor. Tecolote, cucaracha, murciélagos, ratas, víboras, alacranes, etc.

IV. Hermosa Promesa De Dios

A. Cuando el hombre decide que Dios sea su Luz, Dios promete alumbrar su camino.

1. *Jua.8:12 "...y el que me sigue no andará en tinieblas sino que tendrá la luz de la vida..."*

2. *Sal.107: 13 "Luego que clamaron a Jehová en su angustia, Los libró de sus aflicciones; Los sacó de las tinieblas y de la sombra de muerte, Y rompió sus prisiones".*

B. Todos necesitamos esta Luz para no tropezar. Hay vidas que están llenas de tinieblas, y Dios quiere darles su Luz hoy.

1. *(Gen.1: 2) "Y la Tierra estaba desordenada y vacía, y las tinieblas estaban sobre la faz del abismo...Y dijo Dios: Sea la luz; y fue la luz". (Al venir la luz vino el orden).*

2. ¡Se imagina qué prisión oscura sería el mundo sin el sol! Así es toda vida sin la Luz de Jesús.

Conclusión:

¿Ha caminado alguna vez en medio de la oscuridad, sin una luz que le permitiera ver? Es muy fácil perderse en la oscuridad. Muchas vidas viven a oscuras, ignoradas, porque no han conocido la Luz. ¿Por cuántos años hemos caminado bajo sombras de oscuridad? Acepte que necesita a Cristo en su vida, pídale perdón y usted recibirá hoy la Luz de su presencia, para que no camine más en tinieblas.

Preguntas:

1. ¿Cuáles son los peligros de caminar en medio de la oscuridad? - Tropezar y caer.
- Desviarse del camino.
- Lastimarse o herirse.
- Avanzar lentamente, llenos de temor.

2. La Biblia describe que El Señor es Luz resplandeciente, y que si caminamos tomados de su mano, su luz nos alumbrará. ¿De qué forma Su luz puede alumbrarnos?
- Caminar en su Luz es caminar en su verdad. Por medio de su Luz seremos alumbrados para no caer en las trampas que el maligno pone delante de nosotros, para destruirnos.

- Si caminamos en su Luz, el camino será mucho más sencillo para llegar a nuestro destino eterno.
- Su Luz en nosotros ahuyentará a nuestro adversario.

3. ¿Cuáles son las obras que manifiestan que este mundo está cubierto por las tinieblas?
- La manifestación tan grande de la violencia, delincuencia, pornografía, prostitución, los adulterios, las religiones falsas que se están levantando, el gran porcentaje de divorcios, la tibieza en la vida de gente que conoce de Dios.

Finalmente

A. Comparta la visión para el grupo según las instrucciones de sus superiores.

B. Planear la reunión para la próxima semana: Use la hoja de metas y planeación semanal del grupo. Lo anterior lo encontrara en la sección: Dinámica Para Cada Lección, página 15.

C. Dé, los anuncios y servicios de la iglesia.

TEMA 31: LOS EFECTOS DE LA ANSIEDAD

Rompehielo: ¿Alguna vez se ha sentido ansioso (a)? ¿Cuáles han sido los motivos de su ansiedad?

Escrituras: Mateo 6:19-21; Filipenses 4:6-7; 1 Pedro 5:7

Introducción:

La ansiedad es un estado de agitación, de inquietud. Es la angustia que no permite que haya sosiego. La ansiedad y el afán roban la paz, la tranquilidad, la alegría, y el gozo. No sólo roban nuestro buen estado de ánimo, necesario para una vida normal, sino que también destruyen la salud de una manera notable.

I. Efectos De La Ansiedad En Una Persona

- Padece de alta presión sanguínea,
- Afecta el sistema nervioso,
- Causa agresividad y melancolía,
- Pérdida del apetito,
- Alteraciones del sueño y del descanso,
- Desarrolla úlceras duodenales,
- Daña su corazón y su hígado,

Si esto no se logra combatir a tiempo, puede terminar aun en la locura.

A. Hay cierto grado de ansiedad que quizá sea permitido, pero hay personas que no salen a la calle por miedo a todo; nunca hacen nada significativo porque tienen pavor a fallar.

1. Cuando esto nos domina, enfermamos. Nadie puede vivir bajo un estado de ansiedad por mucho tiempo sin enfermar: física, emocional, espiritual y mentalmente.

2. Por lo tanto, la ansiedad y el afán no provienen de Dios, ni quiere Dios que seamos presas de ese mal. Son dos temibles enemigos que deben ser derrotados, o de lo contrario nos derrotarán a nosotros. (Fil.4:6-7)

B. El estrés, presenta una serie de manifestaciones, cuyos efectos pueden ser devastadores. En los Estados Unidos, se ha estimado que el 43% de los adultos sufren a causa de los efectos del estrés, y que entre el 75 y al 90 % de las visitas a los médicos son por consultas relativas a este problema.

C. El estrés está relacionado con muchas de las principales causas de muerte, tales como: Cáncer, enfermedades cardiacas, cirrosis del hígado, enfermedades pulmonares, accidentes y suicidio. El estrés se ha convertido en el problema de salud número uno en los Estados Unidos. El estrés puede tener como uno de sus efectos el acortarnos la vida y envejecernos prematuramente.

D. Durante mucho tiempo se ha sabido que el estrés puede causar envejecimiento prematuro. Se ha reconocido que cuando un animal es sometido a condiciones de estrés continuo, su cuerpo comienza a sufrir una serie de estragos, y al cabo de unos pocos días muere.

1. En los seres humanos se produce una situación similar. Cuando el estrés sobrepasa ciertos límites, se afectan numerosos órganos de nuestro cuerpo, al igual que nuestra capacidad mental y el sistema inmunológico.

2. El estrés daña nuestras arterias, acorta la vida y afecta el cerebro.

II. Causas Del Afán Y La Ansiedad

A. El Señor explicó que hay algunos factores que pueden hacer que vivamos ansiosos, ellos son:

1. La ansiedad por la vida, esto es, por la salud.
2. La ansiedad por la comida, para usted y los suyos.
3. La ansiedad por la bebida, esto es, el agua y la leche.
4. La ansiedad por el vestido, esto es, la ropa y abrigo.
5. La ansiedad por el día de mañana y todo lo que pueda traer, por ejemplo:

- Si triunfaré o fracasaré en la vida.
- Si me irá bien o mal en el negocio que estoy emprendiendo.

- Si todo marchará bien o tendré problemas en el trabajo.
- Si fracasaré en la escuela o terminaré bien mis estudios.
- Si conseguiré trabajo o perderé todo.

B. Otras causas, pueden ser también cuando pone su corazón en las cosas de esta tierra: (Mat. 6:19-21)

1. Miremos la diferencia, cuando nuestra confianza esta en Dios: *(Habacuc 3: 17) "Aunque la higuera no florezca, Ni en las vides haya frutos, Aunque falte el producto del olivo, Y los labrados no den mantenimiento, Y las ovejas sean quitadas de la majada, Y no haya vacas en los corrales…"*

C. ¿Será correcto angustiarnos? A veces es correcto angustiarnos por nuestro estado espiritual, porque ello, nos llevara a la búsqueda de Dios. La ansiedad será positiva sólo si nos lleva a un arrepentimiento. La acción, puede ser una buena manera de calmar la ansiedad.

Conclusión:

La ansiedad afecta la salud física, mental y espiritual. La ansiedad hace que la gente se consuma por dentro. La ansiedad o la desesperación nos pueden tornar agresivos o violentos. La ansiedad puede ir acompañada de innumerables efectos físicos y emocionales. Por ello, el Señor nos aconseja:

"echando toda vuestra ansiedad sobre él, porque él tiene cuidado de vosotros".

(1 Pe. 5:7). (Fil.4: 6) "Por nada estéis afanosos, sino sean conocidas vuestras peticiones delante de Dios".

Mi consejo es: Dele su vida, todas sus cargas y ansiedades a Jesús, que él tendrá cuidado de sus necesidades.

Preguntas:

1. ¿Cuáles son los síntomas en la vida de una persona que está sufriendo de ansiedad?
Insomnio, falta de apetito, depresión, temor, angustia, problemas cardiacos, problemas biliares y ulceras, glotonería, problemas de presión arterial, etc.

2. ¿Cuáles son las causas por las cuales tantas personas se encuentran en un estado de ansiedad?
- Se preocupan por el alimento, el vestido, la salud, los hijos, el trabajo, etc., y no han puesto su confianza en Dios.

3. ¿Qué dijo Jesús con respecto a la ansiedad?
- Jesús dijo que por nada estemos preocupados, ni ansiosos, que lo mejor que podemos hacer es acercarnos a su presencia por medio de la oración, pidiendo por aquellas cosas que necesitamos, porque él tendrá cuidado de nosotros.

Finalmente

A. Comparta la visión para el grupo según las instrucciones de sus superiores.

B. Planear la reunión para la próxima semana: Use la hoja de metas y planeación semanal del grupo. Lo anterior lo encontrara en la sección: Dinámica Para Cada Lección, página 15.

C. Dé, los anuncios y servicios de la iglesia.

Hogares Que Transforman el Mundo

TEMA 32: EL REMEDIO PARA LA ANSIEDAD

Rompehielo: ¿Qué hace usted para sentirse mejor cuando se siente preocupado?

Escrituras: Mateo. 6:25-34

Introducción:

Para poder identificar las causas que provocan la presencia de la ansiedad en nuestras vidas, es importante analizar la forma en que estamos acostumbrados a tomar nuestras decisiones y responsabilidades; esto pudiera estar ayudando a fomentar la ansiedad.

I. Mas Buscad… (V. 33)

A. *(Mat.6:.33) "Mas buscad primeramente el reino de Dios y su justicia, y todas estas cosas os serán añadidas".*

1. O sea, en lugar de tratar de servir a dos señores, y en lugar de vivir afanados por la comida, la bebida, la ropa, Dios nos aconseja que busquemos primero su reino y su justicia; de este modo, él añadirá y suplirá todas nuestras necesidades, conforme a sus riquezas en gloria, en Cristo Jesús.

B. El Señor responsabiliza a todos a realizar una acción, la acción de buscar.

1. *(Det.4:29) "Más si desde allí buscares a Jehová tú Dios, lo hallarás, si lo buscares de todo tu corazón y de toda tu alma".*

2. *(Isa.55: 6-7) "Buscad a Jehová mientras puede ser hallado, llamadle en tanto que está cercano. Deje el impío su camino, y el hombre inicuo sus pensamientos, y vuélvase a Jehová, el cual tendrá de él misericordia, y al Dios nuestro, el cual será amplio en perdonar".*

II. Primeramente… (V. 33)

A. En el orden de prioridades, Dios tiene que estar primero. No podemos tomar ventaja, ni buscar nuestra propia conveniencia, ni ser oportunistas.

1. No podemos esperar que Dios nos dé primero las cosas, para después buscarlo. Nadie le pone condiciones a Dios.

2. Esta es una de las causas por la cual muchos viven bajo

ansiedad y afán: quieren que Dios haga algo por ellos, para después empezarlo a servir; si Dios no les da lo que desean, entonces no están dispuestos a servirle. Eso no funciona con Dios.

III. El Reino De Dios… (V. 33)

A. Reino de Dios aquí se refiere: al sistema de Dios, las cosas de Dios, la voluntad de Dios, el estilo de vida que aprueba Dios, los valores de Dios, las leyes de Dios, las reglas de Dios y los mandamientos de Dios.

   1. Para buscar el reino de Dios, uno tiene que abandonar su propio reino y el reino del mundo.

   - ¿Estamos bajo la soberanía del mundo o bajo la soberanía de Dios?

   - ¿Estamos bajo la soberanía del pecado o bajo la soberanía de Dios? ¡No podemos estar bajo la soberanía de dos poderes!

IV. Su Justicia… (V.33)

A. No es asunto nada más de buscar el reino de Dios, sino también de vivir de acuerdo a su justicia. ¿A qué se refiere cuando dice: a la justicia Dios? o sea, mientras buscamos el reino de Dios, debemos buscar ser semejantes a Dios: tener su carácter, su naturaleza, su santidad.

   1. El único modelo que el cristiano tiene para imitar es a Jesucristo La Biblia habla al respecto:

(1Ped.1:15-16) *"... sino, como aquel que os llamó es santo, sed también vosotros santos en toda vuestra manera de vivir; porque escrito está: Sed santos, porque yo soy santo".*

V. Y Todas Estas Cosas… (V.33)

A. ¿Qué cosas? La comida, la bebida, el vestuario, las cosas para el día de mañana. El Señor dice "todas estas cosas", sin dejar ninguna de ellas fuera.

B. Esto es, nosotros cumplimos con Dios y él se encarga de suplir todas nuestras necesidades, no importa cuáles sean.

VI. Os Serán Añadidas… (V.33)

A. La responsabilidad nuestra es buscar el reino de Dios y su justicia; lo demás es un regalo. Muchas veces cometemos el error de buscar primero aquellas cosas que necesitamos, y no permitimos que Dios nos las añada como resultado de nuestra búsqueda de él.

B. ¿Qué nos cuesta seguir el patrón Bíblico? ¡Nada! ¡Hagámoslo!

1. ¿Está usted sobrecargado de responsabilidades? *"Echando toda vuestra ansiedad sobre Él, porque Él [Dios] tiene cuidado de vosotros" (1ra de Pedro 5:7).*

2. ¿Dedica usted diariamente un tiempo para relajación y renovación? *"Los muchachos se fatigan y se cansan, los jóvenes flaquean y caen; pero los que esperan a Jehová tendrán nuevas fuerzas...". (Isaías 40:30).*

3. ¿Pide usted ayuda cuándo la necesita? *"Dios es nuestro amparo y nuestra fortaleza, nuestro pronto auxilio en la tribulación" (Salmo 46:1).*

Conclusión:
Hay alguien que comprende sus ansiedades y temores, se llama Jesús. Él es un Restaurador:

"He aquí que Yo les traeré sanidad y medicina, y los curaré y les revelaré abundancia de paz y de verdad". (Jeremías 33:6).

Nuestra fatiga proviene del aislarnos de Dios.
"Venid a mi todos los que estáis trabajados y cargados, y yo os haré descansar... mi yugo es fácil, y ligera mi carga". (Mateo 11:28–30).

Preguntas:

1. En Mateo 6:33 la Biblia dice que busquemos primeramente el reino de Dios y su justicia para después recibir lo que necesitamos. **¿Qué significa esto?**

- Significa que Dios tiene que ser primero en nuestras vidas, en todas las cosas.
- Quiere decir también que debemos caminar delante de él con rectitud e integridad de corazón, siendo justos en todo lo que hagamos.
- Significa que necesitamos procurar cada día parecernos más a Jesús; en su carácter, su naturaleza y santidad.

2. ¿Cuáles son las cosas que debemos estar dispuestos a abandonar para buscar el reino de Dios y su justicia?

- Nuestro propio reino.

- Debemos estar dispuestos a abandonar el pecado.
- Nuestra voluntad, para hacer la Suya.

3. ¿Cuál es el verdadero remedio para que una persona reciba sanidad a su ansiedad?

- Darle el primer lugar a Dios en su vida, y él se encargará de cuidar todas las áreas de la persona.

4. ¿Se ha sentido usted ansioso últimamente? ¿Le gustaría que oremos por usted?

- Orar por las diferentes necesidades.

Finalmente

A. Comparta la visión para el grupo según las instrucciones de sus superiores.

B. Planear la reunión para la próxima semana: Use la hoja de metas y planeación semanal del grupo. Lo anterior lo encontrara en la sección: Dinámica Para Cada Lección, página 15.

C. Dé, los anuncios y servicios de la iglesia.

SECCION 9

TEMA 33 Ojo De Águila

TEMA 34 El Relajamiento Destruye El Carácter

TEMA 35 Esperando con Paciencia

TEMA 36 Cómo Triunfar Sobre Las Maquinaciones Del Diablo

Hogares Que Transforman **el Mundo**

TEMA 33

OJO DE ÁGUILA

Rompehielo: ¿Podria Ud. describir alguna caracteristica de un águila?

Escrituras: 2 Re. 6: 15-17; Gén. 15:5-6, Prov. 29:18

Introducción:

Es muy común que cuando se habla de visión, rápidamente aparecen personas diciendo que sólo importa vivir el presente y no hay que pensar en el futuro. Con esa grandísima excusa (equivocada por cierto), evitan tomar decisiones y así esperan que las circunstancias lo hagan por ellos, con lo cual luego que fracasan se escudan diciendo: "es que tengo mala suerte".

La Biblia nos enseñar que toda persona debe tener visión, la cual es puesta por Dios en su corazón. La Biblia dice en Proverbios 29:18 en sus diferentes versiones, que cuando no hay visión, hay "destrucción, extravío, desenfreno y decaimiento".

I. Pasos Para Desarrollar La Visión

A. Visualiza el futuro. (Génesis 15:5-6) Dios se le apareció a Abraham y le dio una imagen clara de cómo sería él en el futuro. El paso inmediato que Abraham dio fue creer en lo que Dios le había mostrado. Para ver tu futuro con claridad, haz lo siguiente:

1. Declara tu visión. *(Habacuc 2:2) "Y Jehová me respondió, y dijo: Escribe la visión, y declárala en tablas, para que corra el que leyere en ella".*

B. Cuando Dios te hable, declara por escrito y con tu boca lo que el Señor te habló. Habacuc recomienda escribir y hablar la visión que tienes. Nunca te sientas intimidado cuando hables de tu visión. Si Dios te ha dado una visión, decláquela, no sientas vergüenza por ello. Mejor, inspira a otros.

1. ¿Qué es lo que el Señor te ha mandado hacer? ¿Qué es lo que te produce emoción, pasión, enfoque y compromiso? Dedica un tiempo y medita a dónde quieres llegar, y cuál es la visión que Dios tiene para ti. Dedica las horas que sean necesarias para confirmar tus dones espirituales y afirmar bien tu visión.

II. Una Lista De Los Dones Espirituales

Hay tres pasajes principales que describen los dones espirituales.

   1. *(Romanos 12:6-8)* profecía, servicio, enseñanza, consejo, dádivas, liderazgo y misericordia.

   2. *(1 Corintios 12:4-11)* palabra de sabiduría, palabra de conocimiento, fe, sanidad, poderes milagrosos, discernimiento de espíritus, hablar en lenguas e interpretación de lenguas.

   3. *(1 Corintios 12:28)* sanidades, ayudas, administraciones, y diversas géneros de lenguas. Esta es una breve descripción de cada uno de los dones:

B. Pégate a otras águilas. Si tienes visión, debes estar junto a otras águilas que usan sus dones espirituales y ven el futuro con igual claridad. Un líder puede ver cómo ve otro líder. Por eso debes juntarte con gente de fe, y alimentarte con ellos, con los que ven su futuro como una realidad dada por Dios. Hay gente que te inspira, motiva, inyecta vigor, a estos procúralos.

   1. Usted nunca verá un águila con zopilotes, con lechuzas o con cuervos. La persona que nació para ser un triunfador, le gusta leer libros de liderazgo. Quien nació para ser líder, no puede estar sentado. El líder alimenta, motiva, levanta, cura.

   2. Pero todo lo que se diga hoy no es suficiente, hay que dar el primer paso. La visión no se transmite sólo con palabras, sino con hechos. Reúnete con tu equipo, discute, da los pasos que el Señor te indique.

3. El Señor abrirá camino una vez que tomes acción en tu visión. *Josué 3:14-17.*

No esperes que el mar se abra y que el Jordán se divida para empezar a marchar, esto sucederá después del primer paso. Recuerda que toda visión necesita: Acción. Recuerde que Visión sin acción, es solo una ilusión.

Conclusión:

Como Iglesia, Dios nos ha encaminado a una visión que todos haremos realidad si seguimos fielmente los pasos anteriores. Transmite a tu círculo familiar la visión que el Señor te ha dado, y evita el estancamiento y la derrota. Por eso insisto que tener visión te permite vivir con sentido, porque actuarás y vivirás tu gran objetivo. No perderás ni un minuto más de tu preciosa vida en dar vueltas sin sentido como si te encontraras en un laberinto, del que piensas que nunca saldrás.

Preguntas:

1. ¿Por qué es importante que toda persona viva con visión?
- Una persona que vive con visión nunca estará estancada, siempre procurará hacer mejores cosas.
- Las personas de visión son generalmente las que alcanzan el éxito en todo lo que se proponen.
- Los visionarios son personas de fe, personas que no están cruzadas de brazos, y Dios está buscando esa clase de personas para hacer prosperar Su obra aquí en la tierra.

2. ¿Qué sucede con una persona que no tiene visión?

- Una persona sin visión será siempre una persona estancada.
- Una persona sin visión tendrá extravío, pereza, descontenta-

miento, limitación, frustración, etc.
- Una persona sin visión jamás logrará darse cuenta del potencial tan grande que Dios ha depositado en su ser.

3. ¿Cómo podemos cuidarnos de no perder la visión de servir a Cristo?
- Mirando siempre hacia el futuro, recordando que estamos sembrando para el reino de los cielos y que una gran recompensa nos espera.
- Hablando siempre sobre las cosas que deseamos conquistar para Cristo, por ejemplo: mi familia, vecinos, compañeros de trabajo, etc.
- Compartiendo tiempo con personas que tengan amor y visión por la obra del Señor porque eso nos inyectará ánimo.

4. ¿Cuál es la visión que Dios ha puesto en su corazón para que la lleve a cabo en Su obra? - Respuestas variadas.

Finalmente

A. Comparta la visión para el grupo según las instrucciones de sus superiores.

B. Planear la reunión para la próxima semana: Use la hoja de metas y planeación semanal del grupo. Lo anterior lo encontrara en la sección: Dinámica Para Cada Lección, página 15.

C. Dé, los anuncios y servicios de la iglesia.

Hogares Que Transforman **el Mundo**

TEMA 34: EL RELAJAMIENTO DESTRUYE EL CARÁCTER

Rompehielo: ¿Cuáles eran sus aspiraciones cuando Ud. era un niño?

Escrituras: 2 Cor. 4:8-9, 1 Jua.4:4

Introducción:

Las comodidades han llevado a la decadencia de las naciones. Muchas personas no viéndose obligados a trabajar para comer, se fueron relajando hasta perder la noción de sembrar para recoger. Algunos individuos a quienes sonrió la fortuna empezaron bien su carrera, pero cuando alcanzaron el bienestar olvidaron su motivación y disciplina, y las malas pasiones se apoderaron de ellos, dominándolos.

I. Mantenga Siempre El Esfuerzo Diario

A. ¡Ojo cuando todo va bien! No abandone su vigilancia. Prosiga diariamente la disciplina de su personalidad. Recuerde que haciendo frente a los peligros se desarrolla el carácter.

B. Practique diariamente el esfuerzo pequeño. Si hace esto, le aseguro que cuando llegue la hora de la prueba, cuando el viento de la adversidad arrastre a muchos de los que le rodean, cuando todo a su alrededor sea gris, usted permanecerá firme como una roca, porque ha mantenido su calidad de vencedor.

C. Recuérdese constantemente que usted es águila. Anhele con aspiración subir más alto. Aún hay nuevas alturas que escalar.

1. No deje que sus energías decaigan, siga hasta la cumbre.
2. Eleve cada año el nivel de su vida.
3. No se sienta miserable porque las puertas de la prosperidad no se abren de par en par. Si piensa que la prosperidad que ve a su alrededor significa facilidad, sin esfuerzo de su parte, usted se equivoca.
4. Acreciente su habilidad y prolongue su juventud. la Biblia nos dice en el *Salmo 103:5: "El que sacia de bien tu boca de modo que te rejuvenezcas como el águila"*.

II. No Se Declare Jamás Vencido

A. ¿Derrotado? Quizá. Pero, vencido, jamás *2 Cor.4: 8 "que estamos atribulados en todo, mas no angustiados; en apuros, mas no desesperados; 9 perseguidos, mas no desamparados; derribados, pero no destruidos".*

B. No abandone la tarea. La derrota no es eterna. Si no ha obtenido lo que desea, inténtelo de nuevo. Y si todo se hunde a su alrededor, no se deje sepultar por las ruinas. Al contrario, levántese con energías renovadas. Repóngase pronto.

C. Se cuenta que en una ocasión un campesino tenía una mula que amaba, pero accidentalmente la mula se cayó y para desgracia se le quebró una pata; él no sabía qué hacer y pensó que la única solución para deshacerse de ella era venderla a un zoológico que tenía leones, en donde serviría de alimento a estos animales. El campesino rehusó esta idea así que decidió que la sepultaría, pero el problema que le surgió fue que no se animaba a matarla, así que tomando una pala la llevó y la empujó dentro de una noria y volteado de espaldas para no verla morir comenzó a tirarle paladas de tierra para sepultarla, pero la mulita, cada vez que una palada de tierra le caía en su espalda se sacudía, y se sacudía. Finalmente, cuando el campesino terminó de tirar toda la tierra; con mucha tristeza miró hacia la noria y para su sorpresa vio que la mulita estaba de pie, cerca de él. La mula no se dejó sepultar por los cientos de paladas de tierra lanzadas para acabar con ella, sino que, como ella se sacudía cada vez que sentía el peso de la tierra sobre su espalda, la tierra que fue lanzada para sepultarla le sirvió de escalón para subir de nuevo a la superficie.

D. Hermano, amigo, si la vida o los supuestos amigos le quieren sepultar, sacúdase al igual que la mulita; no se deje sepultar. ¡Jamás se dé por vencido!

1. Sí, esos monstruos de obstáculos lo miran tembloroso, se aprovecharán de usted. Cuando el perro ladra y usted le muestra temor, el animal reconoce su reacción e inmediatamente le atacará. En otras palabras, ¡Jamás se dé por vencido!

Hogares Que Transforman el Mundo

III. Cómo Transformar La Derrota En Victoria

A. Transforme cada obstáculo en un escalón para subir más alto.
   1. La constante furia de las olas deposita en la playa arena suave.
   2. Hay moluscos que de una picadura hacen una perla de gran precio.
   3. Aprendamos la lección del niño que devolvió en forma de limonada un limonazo que brutalmente le lanzara a la cabeza una vecina enfadada. A cada nuevo furor del viento, el árbol hunde más sus raíces.

Conclusión:

Al enfrentar con valentía las tormentas de la vida, su potencial interno se fortalecerá, y llegará a ser lo que debe ser: Un campeón en el cuadrilátero de la vida. El talento se cultiva en la soledad, pero el carácter se forma en medio de las tormentas de la vida. No pierda pues la batalla y si la pierde, redoble el ataque con nuevos bríos. Repóngase y pase al contraataque. Adquiera la costumbre de vencer. Siéntase superior a los peligros. "Porque es más Poderoso el que está en nosotros que el que está en el mundo". Juan 4:4

Preguntas:

1. ¿Qué consecuencias acarrea la pereza en el trabajo o en sus quehaceres diarios?

  - El producto será de baja calidad.
  - Pérdida de recursos: tiempo, dinero, pues a veces hay que hacer todo de nuevo.
  - Si es una actitud en el trabajo, la persona puede perder su empleo y su reputación.

- En el campo espiritual, se pierde la bendición de Dios, y hasta podríamos perder nuestra salvación.

2. ¿Qué características debe tener una persona, para tener éxito en toda tarea que emprenda?
- Poner su fe y esperanza en Dios, motivación, disciplina, compromiso, integridad, constancia, responsabilidad, eficiencia. Si no le resulta como hubiese deseado, no darse por vencido, volver a intentar.

3. ¿Se ha imaginado que pensarían sus hijos si usted se diere por vencido?
Respuestas variadas

4. ¿Qué enseñanza le ha dejado la historia de la mulita?
-Respuestas variadas.

Finalmente

A. Comparta la visión para el grupo según las instrucciones de sus superiores.

B. Planear la reunión para la próxima semana: Use la hoja de metas y planeación semanal del grupo. Lo anterior lo encontrara en la sección: Dinámica Para Cada Lección, página 15.

C. Dé, los anuncios y servicios de la iglesia.

TEMA 35: ESPERANDO CON PACIENCIA

Rompehielo: ¿Recuerda alguna vez en que perdió la paciencia, y qué obtuvo como resultado?

Escrituras: Proverbios 16:32, Romanos 5:3, 1 Corintios 13:4-7, Hebreos 10:36, Santiago 1:2-4

Introducción:

La paciencia es un componente del carácter del ser humano, que le ayuda a actuar con calma frente a situaciones inconfortables. También, es parte del fruto del Espíritu Santo, que obra en los hijos de Dios, y que permite esperar tranquila y confiadamente que Dios cumpla sus promesas.

Hogares Que Transforman **el Mundo**

Salmo 40:1-2 "Pacientemente esperé a Jehová, y se inclinó a mí, y oyó mi clamor. Y me hizo sacar del pozo de la desesperación…". Lo opuesto a la paciencia, es la impaciencia.

I. Las Promociones De La Radio, Televisión Nos Dicen Que Somos Merecedores De Un Servicio Rápido

A. Aunque la mayoría de la gente sabe que necesita paciencia, convertirse en una persona paciente es una lucha grande. La vida parece estar llena de gente que nos irrita y de problemas que nos trastornan. Todo gira a nuestro alrededor a una velocidad vertiginosa, que nos obliga a mantener ese ritmo. Además, la filosofía de "comida rápida", las promociones de la radio, televisión y periódico que dicen que somos merecedores de un servicio rápido, nos impulsan a exigir que la gente se apure puesto que ya la costumbre de esperar calmadamente se ha perdido.

B. Jesús quiere que nosotros desarrollemos la paciencia, porque es una virtud valiosa.

  1. Primero, la paciencia ayuda en el desarrollo de nuestro carácter cristiano. Diariamente enfrentamos desafíos, a partir de la relación familiar. Cada individuo tiene un carácter diferente y, por tanto, reacciona de múltiples formas frente a cada estímulo; esto, muchas veces, nos altera puesto que quisiéramos que su respuesta fuese igual a la nuestra. Y es allí, precisamente, donde se demuestra la paciencia.

  2. Segundo, La paciencia nos habilita a esperar mientras Dios trabaja en nuestra vida.

  3. Tercero, La paciencia permite que permanezcamos alegres; la gente paciente es mucho más feliz que los impacientes, goza de buena salud, se relaciona fácilmente con otros, y no tiene grandes problemas.

4. Cuarto, La paciencia es un signo de madurez; un niño usualmente carece de paciencia: llora, reclama, exige, tiene pataletas.

5. Quinto, La paciencia es parte del fruto del Espíritu; una característica benéfica que viene del Espíritu Santo, que trabaja en nuestra vida (Gal. 5:22-23.) Sin embargo, este fruto sólo se desarrolla obedeciendo la Palabra de Dios y dejándonos guiar por el Espíritu Santo. Esto suena fácil, pero a menudo, implica una batalla verdadera.

C. La Biblia dice que la tribulación produce paciencia, así que obviamente el apóstol Pablo aprendió la paciencia por medio de las muchas persecuciones, por las pruebas, y por las aflicciones que él sufrió. Él pudo haber parado de seguir a Jesús en cualquier momento, pero en lugar de eso, él permaneció fiel toda su vida. 2 Corintios 11:24-28. Pablo aprendió que Dios estaba en control de sus circunstancias, y esto lo ayudó a enfrentar el sufrimiento, pacientemente.

D. Al igual que el apóstol Pablo, nosotros necesitamos también ser pacientes con las circunstancias de la vida y los defectos de otros. La madurez espiritual no acontece de la noche a la mañana, toma tiempo, y debemos recordar que Dios no ha terminado con nosotros todavía. Él, pacientemente espera a que nosotros alcancemos el propósito para el cual nos creó.

E. Dios usa los conflictos, las pruebas, y las desilusiones para inculcar paciencia en nuestra vida, y para probar nuestra lealtad a Él. Esperando en Dios es donde la paciencia se desarrolla lentamente en nosotros. Si hoy usted está pasando por alguna prueba, tenga paciencia; sólo entréguele su vida al Señor, quien le acompañará para que en este momento de prueba usted pueda salir refinado y triunfante.

Hogares Que Transforman **el Mundo**

Preguntas:

1. ¿De qué manera somos recompensados, si somos pacientes?

- No estaremos cansados ni enojados.
- Vamos a poder permanecer felices y contentos.
- Evitaremos herir con palabras o acciones a quienes nos rodean.
- Mantendremos relaciones saludables.

2. ¿Por qué es tan duro esperar en Dios por las cosas que queremos?
- Si nuestros padres nos dieron todo lo que nosotros quisimos, vamos a tener dificultad en aprender a esperar en Dios.

3. ¿Qué podría hacer para llegar a ser más pacientes?
- Creer que Dios tiene el completo control de mi vida.
- Confiar en Dios y en Sus planes para mi vida.
- Someter mi voluntad a la voluntad de Dios.
- Pedirle a Dios me otorgue la gracia de la paciencia. Rom 15:5
- No permitir enojarme cuando las cosas no salen a mi manera.

4. ¿En qué problema o situación en su vida necesita paciencia?
- Respuesta personal.

Finalmente

A. Comparta la visión para el grupo según las instrucciones de sus superiores.

B. Planear la reunión para la próxima semana: Use la hoja de metas y planeación semanal del grupo. Lo anterior lo encontrara en la sección: Dinámica Para Cada Lección, página 15.

C. Dé, los anuncios y servicios de la iglesia.

TEMA 36: CÓMO TRIUNFAR SOBRE LAS MAQUINACIONES DEL DIABLO

Rompehielo: ¿Cómo puede usted distinguir lo que viene del diablo y lo que viene de Dios?

Escrituras: Juan 10:10, Luc.10:19, Efesios 6:10-18

Introducción:

En esta lección, hablaremos de cuatro maquinaciones del diablo, las cuales él usa contra los humanos. Como cristianos, ¡No tenemos por qué tolerar esa situación! Juan 10:10, es una guía exacta para conocer de dónde se originan las cosas que ocurren en su vida: Todas las cosas que hacen que su vida sea bendecida provienen de Dios. (Sant.1: 17). La Palabra nos dice que no necesitamos temer nada, pues tenemos autoridad sobre él. El Diablo atacara:

I. Por medio de la indecisión

A. Jesús vino "para encaminar nuestros pies por camino de paz". No vacile. Cuando tenga que tomar una decisión, busque a Dios.

1. *"Santiago 1:8 El hombre de doble ánimo es inconstante en todos sus caminos. 1:5).*

2. *"Entonces tus oídos oirán a tus espaldas palabra que diga: Este es el camino, andad por él; y no echéis a la mano derecha, ni tampoco torzáis a la mano izquierda". (1 Sam. 30:21).*

3. *"Me has guiado según tu consejo, y después me recibirás en gloria". (Salmo 73:24).*

II. A través de la da Depresión

A. Para combatir algo, primero tiene que reconocer su origen. Hoy día la depresión es uno de los instrumentos favoritos que el diablo usa para hacer estragos en la mente de los hombres. Cualquiera que haya sufrido alguna vez de depresión, puede testificar de su fuerza destructiva.

B. Niéguese a ser el terreno en el cual Satanás vacía su basura, cite la Palabra de Dios tal como lo hizo Jesús.

1. *(2 Cor. 10:4). "Porque las armas de nuestra milicia no son carnales, sino poderosas en Dios para la destrucción de fortalezas".*

2. Conozca sus derechos. Sea un vencedor. Como cristianos, estamos en una guerra real contra las fuerzas de iniquidad. Efesios 6:10-18 nos dice cuáles son nuestras armas.

3. Reclame el poder de la unción de Dios. *"…y el yugo se pudrirá a causa de la unción". (Isaías 10:27).*

III. A través de del Insomnio

A. En millones de camas hay una batalla nocturna. Es el poder de Dios contra el poder de Satanás. Satanás le roba el sueño, y de ese modo destruye su salud, su paz, y su bienestar. El insomnio ocasiona desórdenes nerviosas, depresión, estrés y muchas otras clases de enfermedades.

B. Si sufre de insomnio, hay una promesa en la Palabra de Dios; usted tiene una cura segura para el insomnio. Dígale al diablo: Escrito está que: "A su amado dará Dios el sueño", de acuerdo con el *Salmo l27:2" "En paz me acostaré, y asimismo dormiré; porque sólo... Jehová me [hace] vivir confiado" (Salmo 4:8).*

C. Antes de acostarse por la noche, practique la oración y quite de su mente todas sus ansiedades. *"Por nada estéis afanosos, sino sean conocidas vuestras peticiones delante de Dios en toda oración". (Fil.4:6).*

IV. Y A través del Estrés

A. El estrés es una tremenda fuerza desgastadora de nuestras funciones mentales y físicas; el estrés es realmente un asesino, un espíritu destructor. Se ha descubierto que produce en las personas, úlceras, enfermedades cardiacas, cáncer, locura y hasta suicidio.

1. ¿Será posible que el creyente pueda vivir libre de estrés en un mundo con la amenaza diaria de violaciones, asaltos, robos, asesinatos y desastres?

B. El antídoto que la Palabra de Dios tiene para el estrés: *"Tú guardarás en completa paz a aquel cuyo pensamiento en ti persevera; porque en ti ha confiado"*. (Isaías 26:3).

En vez de preocuparse de que algún miembro de su familia pueda ser víctima de violación, robo, asalto o asesinato, confíe en la Palabra de Dios que dice: *"El ángel de Jehová acampa alrededor de los que le temen, y los defiende"*. (Salmo 34:7).

Conclusión:

¿Padece de indecisión? ¿Padece de depresión? ¿Padece de insomnio o de estrés? Transfiérale toda su ansiedad y preocupación al Señor: Cuando usted consagra su vida a Dios completamente y pone su confianza en Dios, él soluciona la situación y dará dirección en cada problema de su vida. *"Echando toda vuestra ansiedad sobre él, porque él tiene cuidado le vosotros"*. (1Ped. 5:7).

Preguntas:

1. ¿Cuáles son los problemas que causan estrés en las personas?
- El temor al futuro, la inseguridad, la desconfianza, el sobre esfuerzo por alcanzar un mejor status, las exigencias del mundo que nos rodea, etc.

2. ¿Qué síntomas nos lleva a reconocer el estrés en nuestra vida?
- Cansancio físico y mental, inseguridad en la toma de decisiones, falta de interés por las cosas, sistema nervioso alterado, depresión, insomnio, etc.

3. ¿Hay algo que le preocupa en su vida y qué le produce estrés?
- Respuesta personal.

4. ¿Cuál es el mejor remedio para curar el estrés y la ansiedad que nos aflige?
- Poner nuestras cargas en las manos del Señor Jesucristo.
- Creyendo y proclamando la palabra De Dios.
- Rechazar de inmediato todo pensamiento negativo que el diablo traiga a nuestra mente, en el nombre de Jesucristo.

Finalmente

A. Comparta la visión para el grupo según las instrucciones de sus superiores.

B. Planear la reunión para la próxima semana: Use la hoja de metas y planeación semanal del grupo. Lo anterior lo encontrara en la sección: Dinámica Para Cada Lección, página 15.

C. Dé, los anuncios y servicios de la iglesia.

Hogares Que Transforman **el Mundo**

SECCION 10

TEMA 37 ¡Cuán Importante Es El Nombre De Jesús!

TEMA 38 El Arrepentimiento

TEMA 39 El Poder De La Oración En Las Células

TEMA 40 ¿La Biblia O La Tele?

TEMA 37 — ¡CUÁN IMPORTANTE ES EL NOMBRE DE JESÚS!

Rompehielo: ¿Qué persona famosa recuerda haber conocido personalmente?

Escrituras: Filipenses 2:5-11, Colosenses 3:17, Mateo 18:20, Lucas 10:17, Juan 14:14, Hechos 4:11-14, Hechos 10:43.

Introducción:

Juan 1:12 dice: "Mas a todos los que le recibieron, a los que creen en su nombre, les dio potestad de ser hechos hijos de Dios".

Uno no puede leer el libro de Hechos sin notar el lugar de preeminencia que ocupaba el nombre de Jesús en la Iglesia primitiva. Vez tras vez habla acerca "del Nombre". Notemos algunos casos:

I. El Nombre De Jesús Es Sobre Todo Nombre: (Fil.2:9)

A. JESÚS es el nombre del único Dios supremo. Por lo tanto, Su nombre es sobre todo nombre:

1. Rey de Reyes y Señor de Señores;
2. General que ha ganado todas las victorias;
3. Científico, Inventor, y Arquitecto;
4. Abogado, Médico, y Predicador.

- Hay salvación en el nombre de Jesús.
- Hay sanidad en el nombre de Jesús.
- Hay poder en el nombre de Jesús.
- Hay bendición en el nombre de Jesús.
- Hay protección en el nombre de Jesús.
- Las oraciones son contestadas en el nombre de Jesucristo.

II. Jesús Ocupo Un Lugar De Preeminencia En La Iglesia Primitiva

A. El nombre de Jesús es especialmente significativo, porque significa, "Jehová- Salvador," o "Jehová es la salvación." Además, la Biblia dice que Jesús es el nombre más grande en el Universo entero, y nos instruye a hacer todo en Su nombre.

1. "Y por la fe EN SU NOMBRE, a éste, que vosotros veis y conocéis le ha confirmado SU NOMBRE" (Hechos 3:16)

2. "Mientras extiendes tu mano para que se hagan sanidades y señales y prodigios mediante EL NOMBRE de tu santo hijo Jesús" (Hechos 4:30).

B. Los discípulos descubrieron el valor y la importancia DEL NOMBRE. Toda autoridad reside en el nombre de Jesús, y es el único nombre que libera el poder de Dios. En otras palabras, el nombre de Jesús es la llave a la salvación, a los milagros, a las sanidades, y a la libertad proveedora que cuando la usamos, nosotros creemos que recibiremos lo que pedimos.

1. Por otro lado, algunos concluyen que lo único que tenemos que hacer es mencionar el nombre de Jesús y el poder de Dios se dejará ver. Sin embargo, el incidente con los siete hijos de Esceva prueba que hay más que eso. Hechos 19: 13-17

C. El orden para que el milagro acontezca, es tener una relación con aquél cuyo nombre invocamos, Esto significa que el Espíritu de Jesucristo debe estar en nosotros y trabajar a través de nosotros; y nosotros debemos tener fe en Su nombre y ser sensibles a Su Espíritu.

III. Tratemos Con Reverencia Su Nombre

A. Si Jesús es sinceramente el Señor de nuestras vidas, Su nombre será de gran estima para nosotros, y lo trataremos con reverencia. Nosotros no nos referiremos a Jesús como el "Tipo Grande en el Cielo," o "El Hombre de Arriba," porque tales términos son irrespetuosos y deshonran a Jesucristo.

B. Satanás siempre quiere deshonrar a Jesús; él motiva al hombre para que use el nombre de Jesús para contar fábulas, chistes o en palabras de maldición.

"No tomarás el nombre de Jehová tu Dios en vano; porque no dará por inocente Jehová al que tomare su nombre en vano". Exo.20:7.

C. Un día todos entenderán el significado del nombre de Jesús, porque la Biblia dice que toda rodilla se doblará, y toda lengua confesará que Jesús es el SEÑOR. Desafortunadamente, si nosotros no hemos entregado nuestras vidas a él en este mundo, será demasiado tarde pedir la salvación en Su nombre en el día del juicio final.

Conclusión:

El nombre de Jesús es el nombre más alto y exaltado que jamás ha sido revelado a la humanidad. El nombre que salva a todo aquel que en Él cree, como Pedro dijera:

"Y en ningún otro hay salvación; porque no hay otro nombre dado a los hombres en que podamos ser salvos". (Hechos 4:12)

Preguntas:
1. ¿Cuál es el secreto para usar con éxito el nombre de Jesús?

- Tener una relacion personal con Jesús
- Debemos pedir con fe.
- Nuestras peticiones deben ser según la voluntad de Dios.
- Además es necesario ayunar y orar. Mar. 9:28-29
- Debemos ser justos, o Dios no nos oirá. Isaías 59:2

2. Nombre las cosas que hace o ha hecho en el nombre de Jesús.
- Orar por los enfermos y otras necesidades.
- Dar gracias por los alimentos.
- Alabarlo y Adorarlo.
- Resistir las tentaciones y los malos pensamientos.

3. ¿Por qué tanta gente deshonra el nombre de Jesús actualmente?
- Satanás los dirige a hacerlo.
- Hay mucha gente incrédula en la sociedad hoy en día.
- La Ignorancia. Ellos no entienden el significado de Su nombre.

4. ¿Cómo puede engrandecer y honrar el nombre de Jesús?
- Testificando a la gente lo que Jesús ha hecho por usted.
- Caminando en obediencia.
- Agradándole en todo, haciendo Su voluntad.
- Llevando fruto en toda buena obra.
- Creciendo en el conocimiento, mediante la lectura de Su palabra.

Finalmente

A. Comparta la visión para el grupo según las instrucciones de sus superiores.

B. Planear la reunión para la próxima semana: Use la hoja de metas y planeación semanal del grupo. Lo anterior lo encontrara en la sección: Dinámica Para Cada Lección, página 15.

C. Dé, los anuncios y servicios de la iglesia.

TEMA 38: EL ARREPENTIMIENTO

Rompehielo: ¿Cómo saber cuándo una persona está o no, arrepentida?

Escrituras: Mat.21:28-32, Mat.3:1-2, Luc.15:7-10

Introducción:

El arrepentimiento es dejar el pecado y volverse a Dios. Se requiere un cambio de actitud. El arrepentimiento no es un mero dolor por la falta cometida, sino un cambio radical de conducta. Hay muchos que lloran al pecar pero no se arrepienten, y regresan de inmediato a sus malos hábitos.

Judas y Saúl mostraron angustia al pecar, pero no se arrepintieron. Por el contrario, vemos el caso de David, quien al pecar gravemente, declaró su falta a Dios y se arrepintió de todo corazón, según vemos en el Salmo 51, en donde dice:

"Ten piedad de mí, oh Dios, conforme a tu misericordia; conforme a la multitud de tus piedades borra mis rebeliones. Lávame más y más de mi maldad, y límpiame de mi pecado… Crea en mí, oh Dios, un corazón limpio, y renueva un espíritu recto dentro de mí…"

Arrepentimiento positivo. El arrepentimiento es un cambio de mentalidad que guía a un cambio de conducta; lleva en sí la firme convicción de no volver a hacer lo mismo.

I. La Necesidad Del Arrepentimiento

A. Todos necesitamos arrepentimos porque todos somos culpables. El primer sermón de Cristo después de haberse bautizado fue sobre el arrepentimiento. Mat.4:17 El arrepentimiento viene después de creer. El arrepentimiento viene antes del perdón Luc.24:47 El arrepentimiento viene antes de la conversión. Hech.3:19

II. La Importancia Del Arrepentimiento

A. El arrepentimiento fue el tema de Juan Bautista. Mat.3:1-2

1. Cuando Jesús envió a sus discípulos a predicar, les mandó que predicaran el arrepentimiento. Marcos 6:12

2. Después de Pentecostés los discípulos predicaron el arrepentimiento. Hech.2:38

3. El deseo del corazón de Dios es que todos se arrepientan. No obedecer a Dios en esto conducirá a la condenación eterna. Lucas. 13:3

III. La Naturaleza Del Arrepentimiento

A. El arrepentimiento nos enseña a odiar el pecado y aprender a amar la santidad y la pureza.

1. El hijo pródigo se arrepintió; después de vivir en un país lejano, decidió regresar a la casa de su padre como un sirviente. Luc.15

2. El publicano se golpeaba el pecho, indicando su arrepentimiento y su dolor. Luc.18

3. En ocasiones, Dios usa castigos o represiones para hacer que nos arrepintamos de nuestros pecados.

Sal.38:17-18. "Pero yo estoy a punto de caer, Y mi dolor está delante de mí continuamente. Por tanto, confesaré mi maldad, Y me contristaré por mi pecado".

IV. Resultados Del Arrepentimiento

A. Todo el cielo se goza. Luc.15:7-10

B. El Espíritu Santo es derramado sobre el arrepentido. Hech.2:38

C. Todas las bendiciones de la Biblia vienen tras el arrepentimiento. Un pecador redimido nunca debe cesar de estar arrepentido.

Conclusión:

"Por tanto, arrepiéntanse y conviértanse, para que sus pecados sean borrados, a fin de que tiempos de alivio vengan de la presencia del Señor". Hechos 3:19 (NBLH)

La necesidad del arrepentimiento: El Señor ha declarado que "ninguna cosa impura puede heredar el reino del cielo". Nuestros pecados nos vuelven impuros e indignos de morar en la presencia del Padre

Celestial; esos pecados también llenan de angustia nuestra vida. Jesucristo nuestro Padre Celestial, ha preparado el único camino para que seamos perdonados de nuestros pecados. Al arrepentirnos sinceramente y confiar en Su gracia salvadora, seremos limpios del pecado.

Preguntas:

1. ¿En qué consiste el verdadero arrepentimiento?
- En sentir un dolor profundo y verdadero por la falta cometida.
- Confesar el pecado ante Dios, pidiendo su perdón.
- Renunciar definitivamente a aquello que nos llevó a pecar.
- El verdadero arrepentimiento nos lleva a un cambio radical de conducta.

2. ¿Por qué es necesario el arrepentimiento?
- El pecado nos aleja de Dios.
- Las malas obras nos hacen llevar un gran peso en el corazón.
- Porque es un mandato de Dios.
- Porque ningún pecador entrará en el Reino de los Cielos.

3. ¿Qué beneficios nos otorga un genuino arrepentimiento?
- Saber que Dios ha perdonado nuestro pecado, porque se lo declaramos. (1ª Juan 1:9)
- Podemos sentir paz, descanso y alegría al sentirnos libres de toda carga.
- Nos devuelve la amistad con Dios.

Finalmente

A. Comparta la visión para el grupo según las instrucciones de sus superiores.

B. Planear la reunión para la próxima semana: Use la hoja de metas y planeación semanal del grupo. Lo anterior lo encontrara en la sección: Dinámica Para Cada Lección, página 15.

C. Dé, los anuncios y servicios de la iglesia.

TEMA 39: EL PODER DE LA ORACIÓN EN LAS CÉLULAS

Rompehielo: ¿Alguna vez ha concurrido ante un Juez por una causa y éste le ha concedido su petición?

Escrituras: Luc. 11:1-4; Col. 4:2-5

Introducción:

El poder detrás de las células de creyentes es el Espíritu Santo. La Iglesia y la célula, afianzadas en la oración, verán: sanidad, liberación, salvación, acciones que sólo Dios puede hacer, como respuesta a la oración conjunta. Sin oración, este ministerio se convertirá solamente en una reunión social.

I. Ante El Trono

A. Dios está listo y esperando comunicarse con nosotros en la oración. Cuando pensamos en la solemne realidad de tal encuentro, es maravilloso saber que él nos espera y desea confraternizar con nosotros.

B. La oración nos establece en una relación íntima con nuestro poderoso Creador, como cuando caminaba y hablaba con Adán y Eva en el Jardín del Edén. La oración debe ser una relación gloriosa, maravillosa y llena de gozo. La oración es parte de nuestro estilo de vida.

II. Jesús Nos Enseña Y Nos Motiva A Orar

A. Comencemos pidiéndole a Jesús que nos enseñé a orar. Qué maravillosa y gozosa experiencia es comenzar a confraternizar con nuestro Creador de una forma más personal e íntima. *Luc.11:1-4.*

B. Periódicamente, toda la Iglesia y la célula deben reunirse para dedicar tiempo a la oración, en común acuerdo. Así comenzaremos a aprender que la intimidad personal con Dios a través de la oración, se convertirá en una agradable relación y en un gozoso estilo de vida, en lugar de una obligación cargada de sentimientos de culpabilidad.

C. Para que la Iglesia alcance la comunidad, tendremos que respaldar todos los esfuerzos con la oración.

D. Por ejemplo, mirando las casas de algunas personas, generalmente podremos ver si están atadas al materialismo o a la idolatría. Entonces, podremos orar para que los que viven en aquella casa sean liberados de dichas ataduras, y vengan al camino de salvación.

III. Oración Y Evangelización

A. *(Colosenses 4:2-5),* Pablo nos da poderosas instrucciones sobre cómo ganar personas para Cristo.

Las estrategias contenidas en este pasaje son especialmente apropiadas para la evangelización mediante las células de creyentes.

B. Estudiemos detalladamente estos versículos para ver lo que Pablo quiere decir.

1. «Perseverad en la oración». «Perseverad» significa continuar sin interrupción. La oración y la evangelización van de la mano. Si tomamos en serio la evangelización, nos dedicaremos continuamente a la oración por la salvación de las almas que Dios ha puesto en nuestro camino.

2. Otro consejo es «velando en ella». Esto se refiere a nuestras oraciones. Deberíamos buscar las oportunidades para dejar que la luz y el gozo de Cristo brillen a través de nosotros. Si oramos activa y atentamente antes de hablar a un desconocido o a una persona incrédula, el Espíritu nos mostrará lo que hemos de decir y hacer para que esa persona venga finalmente al conocimiento de Cristo.

3. «Orando también al mismo tiempo por nosotros.» Aquí, Pablo nos instruye a orar unos por el testimonio de los otros. Nos instruye a orar por el testimonio de los miembros del grupo y por la salvación de personas individuales, como también por sus necesidades.

Dios es quien nos ha de dar la oportunidad para que testifiquemos a otros. Estamos orando «para que el Señor nos abra puerta para la Palabra». Pero nosotros necesitamos orar por esas oportunidades. Satanás hará todo lo que pueda para impedir que esas puertas se nos abran, más nosotros debemos seguir en la brecha. Si nosotros oramos, Dios contestará esta oración. Pablo nos advierte que nuestro testimonio encontrará oposición. *Efesios 6:10-17.*

Conclusión: Como célula, nosotros tenemos que luchar contra fuerzas espirituales antes de recoger una cosecha. Cuando oremos por la salvación de alguien, debemos incluir las áreas siguientes:
Orar para que el Espíritu Santo guíe cada palabra y cada acción, de forma que digamos y hagamos lo que convenga en cada ocasión. Presentar a la persona por su nombre ante Jesucristo, recordándole que Él la compró en la Cruz del Calvario.

Reprender, en el nombre de Jesucristo, los poderes de las tinieblas, ordenándoles que suelten esa alma, de manera que la persona tenga la libertad para elegir a Jesucristo como su único Señor y Salvador personal, sin la interferencia ni ataduras de Satanás.

Y orar para que el Espíritu Santo atraiga a esta persona; Cristo, la convenza de su pecado y le revele la salvación.

Preguntas:

1. ¿Cuál es el propósito de un Grupo Celular?
- Crecer en relación con Dios.
- Crecer en amistad unos con otros, y
- Multiplicarnos.

2. ¿Cuál es el objetivo principal de un Grupo Celular?
- Traer almas al conocimiento de la Verdad, que es Cristo Jesús.

3. ¿Qué se necesita para que una Célula logre sus propósitos?
- Permanecer unánimes en oración y ayuno.
- Invitar a conocidos, familiares y amigos a asistir a las reuniones.

4. Como integrante de este grupo celular, ha escuchado testimonios de la respuesta que Dios ha dado a las oraciones conjuntas, ¿cómo se ha sentido al darse cuenta que Dios responde?
- Respuesta personal.

5. ¿Qué sucederá si el grupo celular no ora, ayuna, ni invita a personas?
- La célula se morirá, al igual que una célula del cuerpo humano cuando es afectada por una enfermedad.

Finalmente

A. Comparta la visión para el grupo según las instrucciones de sus superiores.

B. Planear la reunión para la próxima semana: Use la hoja de metas y planeación semanal del grupo. Lo anterior lo encontrara en la sección: Dinámica Para Cada Lección, página 15.

C. Dé, los anuncios y servicios de la iglesia.

TEMA 40: ¿LA BIBLIA O LA TELE?

Rompehielo: ¿Qué efecto produce lo que a diario vemos en la televisión?

Escrituras: 2 Crónicas 26:1-5, Salmo 121

Introducción:

¿Se siente cansado de ver la programación en la televisión? ¿Le desanima o le motiva? Las informaciones de los acontecimientos actuales, ¿le traen temor o paz a su alma? ¿Por qué mejor no leer la Biblia, llenando nuestra alma con la Palabra de Dios?

Mario Oseguera

Hogares Que Transforman el Mundo

Prov. 4:22 "Hijo mío, está atento a mis palabras; inclina tu oído a mis razones. No se aparten de tus ojos; guárdalas en medio de tu corazón; porque son vida para los que las hallan, y medicina a todo su cuerpo".

La alternativa es subsistir en medio de las desalentadoras noticias que a diario oímos y establecer nuestra fe en Jesucristo. Piense por un momento qué les sucederá a aquellos que "no esperan en Dios"

I. Insista En Buscar A Dios Y Todo Saldrá Bien

A. *Isaías 41:10 Nos dice lo siguiente: "No temas porque yo estoy contigo; no desmayes, porque yo soy tu Dios que te esfuerzo; siempre te ayudaré, siempre te sustentaré con la diestra de mi justicia".*

B. El Rey Uzías, conocía perfectamente a Dios, sabía que a pesar de la situación que se vivía en sus tiempos, Dios le ayudaría, por eso insistió en buscarlo de todo corazón, Conocía el libro de Los Salmos y su contenido. Salmo 121

C. La pregunta que debemos hacernos en éste día es: ¿A quién le vamos creer? ¿Nos vamos a dejar influenciar por los medios de difusión, que no siempre dicen la verdad, o la exageran? ¿Vamos a seguir con nuestro estilo de vida o lo vamos a interrumpir?

1. Mientras otros especulan, nosotros busquemos a Dios

2. Mientras otros han tomado en cuenta iniciar una campaña de rigidez, nosotros debemos seguir confiando en Dios. *Hebreos 13:8 dice: "Jesucristo es el mismo ayer, y hoy y por lo siglos".*

D. Guerras y conflictos siempre han habido. No existirá paz en esta tierra hasta que venga El Príncipe de Paz.

II. Uzías Edificó En Momentos Difíciles: 2 Cro. 26:1-2

Hagamos nosotros lo mismo, son momentos para conquistar. Mientras otros estaban en desventaja, Uzías se hacía más poderoso.

III. Uzías Comenzó A Reinar A La Edad De 16 Años: Vs.26:3

1. Y nosotros ¿cuándo vamos a comenzar?
2. ¿Preferimos que otros lo hagan, que otros gobiernen?
3. ¿Somos los jugadores o nos confórmanos sólo con mirar el juego?
4. No hay edad para comenzar. ¡COMENCEMOS HOY!

IV. Por 36 Años, Uzías Hizo Lo Recto Ante Los Ojos De Dios: Vs. 26:4

1. Quizá ésta es la edad de muchos de nosotros.
2. Uzías afecto su generación.
3. Muchas cosas y momentos difíciles tuvo que haber vivido, pero prefirió hacer lo recto ante Dios.

V. Uzías Persistió En Buscar A Dios: Vs. 26:5

A. Mantenerse firme por mucho tiempo, durar, insistir, ser constante en lo mismo, fue lo que hizo el Rey, y en esos días en que decidió buscar a Dios, el Señor lo prosperó.

VI. Uzías Vio La Mano De Dios En Su Vida: Vs. 26:5

A. Desde el versículo 6 hasta al 15, vemos el resultado de su decisión.

1. No fue vana su insistencia.
2. Concretó y vio los dividendos de la decisión que tomó.
3. No había otro rey como él.

VII. El Peligro De Un Corazón Enaltecido: 2 Cro. 26:16

A. Espero que ninguno de nosotros escribamos el versículo 16 en nuestras vidas. ¡Este fue el principio de su fin! No podemos permitir que las cosas que nos han costado toda una vida, las perdamos de la noche a la mañana. Cuidemos el tesoro de la comunión. En el verso 16 dice: "su corazón se enalteció".

B. Nunca diga: Por mis fuerzas, tengo lo que tengo; por mi trabajo, yo tengo; por mis habilidades, yo lo obtuve. No olvide que TODO ES POR DIOS Y PARA DIOS. Uzías terminó solo y murió porque en un momento dado decidió ir en contra de Dios.

Conclusión:

En Cantares 3, hay una historia de una joven en búsqueda del novio que amaba. Lo buscó por distintos lugares, con intensidad, con pasión, con desesperación, preguntando: "¿habéis visto al que ama mi alma?" Cuando finalmente lo halló no lo soltó. De la misma manera debes buscar al que ama tu alma, JESÚS. Cuando lo encuentres, ¡No sueltes su presencia, no sueltes su gloria, no sueltes su amor! No desmayes, hasta que puedas decir: ¡Hallé al que ama mi alma! Y todas las bendiciones vendrán con él. ¡Pelea por estar con aquél que ama tu alma! ¡Ámalo!

Preguntas:

1. ¿Cuál es la mejor fuente para hallar paz, a pesar de las noticias devastadoras?
    -Entregar nuestra vida a Jesucristo.

-Lectura de Su palabra
-Confiar en las promesas de Dios para nuestra vida.

2. ¿Qué sucedió con el Rey Uzías, cuando su corazón se enalteció?
- Dios se alejó de él.
- Dejó de recibir el favor de Dios.

3. ¿De qué forma debemos buscar al amado de nuestra alma: Jesús?
- Con un corazón sincero.
- Con intensidad.
- Con perseverancia.

Finalmente

A. Comparta la visión para el grupo según las instrucciones de sus superiores.

B. Planear la reunión para la próxima semana: Use la hoja de metas y planeación semanal del grupo. Lo anterior lo encontrara en la sección: Dinámica Para Cada Lección, página 15.

C. Dé, los anuncios y servicios de la iglesia.

Hogares Que Transforman **el Mundo**

SECCION 11

TEMA 41 El Poder De La Obediencia

TEMA 42 La Dieta Espiritual

TEMA 43 La Jaula De Oro

TEMA 44 La Más Grande Elección De Su Vida

TEMA 41
EL PODER DE LA OBEDIENCIA

Rompehielo: ¿La obediencia le ha salvado de una tragedia o de algún problema?

Escrituras: 2 Reyes 5:1–14

Introducción:

La Biblia nos cuenta de Naamán, un general del ejército del rey de Siria, gran varón, de alta estima, era hombre valeroso en extremo, pero leproso.

Debajo del uniforme de general con el cual se vestía, estaban las llagas de la lepra. Todas sus glorias, de nada le servían para remediar una enfermedad que no tenía sanidad. Imagínese, con el poder que él tenía,

¿dónde no habría ido para buscar cura a su mal? El hombre alcanza pináculos de grandeza, popularidad "pero", el pecado todo lo estropea. Sin embargo, cuando el hombre viene a Dios en humillación y obediencia, Dios hace posible lo imposible.

I. El Ministerio De Una Muchacha (Vs. 2, 3)

A. Servía en casa de Naamán una muchacha que había sido llevada cautiva de Israel a Siria. No se Puede determinar qué edad haya tenido, pero ella había dado testimonio del poder de Dios a la esposa de Naamán, y le recomendó que su esposo visitase al profeta Eliseo.

B. Dios no solamente se vale de adultos que tienen gran experiencia sino que también utiliza jóvenes:

1. Usó al joven Samuel para reprender a Elí. (1 S. 3).
2. Usó al joven David para derrotar a Goliat. (1 S. 17).
3. Uso al joven Ezequías para traer la restauración a toda una nación.
4. Usó a un muchacho para alimentar más de cinco mil personas.(Jn. 6:9).

C. Cuando Dios desea utilizar a alguien, no toma en cuenta su educación, rango social, nacionalidad, sexo o edad. En esta historia leemos que Naamán recibió mensajes de tres personas que eran sirvientes: vs. 3. Una muchacha, vs. 10. El mensajero de Eliseo, vs. 13. Los criados de Naamán.

D. Ni riquezas ni honores podían aliviar su mal. Pero cuando se encuentra en verdadera necesidad, el mensaje se escucha. Lo importante no eran los mensajeros, sino el mensaje.

II. Obstáculos Para Un Milagro (Vs. 11, 12)

A. El mensaje de Elíseo fue comunicado a Naamán, quien se presentó con mucha pompa ante la casa del profeta.

B. Detuvo sus caballos y su carro en la entrada de la casa. Pretendió que Elíseo saliese y lo tratase con muchas atenciones. El creía que Elíseo haría una oración pública en presencia de todo su cortejo.

C. Cuando Elíseo le envió el mensaje de que se sumergiese siete veces en el río Jordán, Naamán se disgustó, porque el profeta:

1. No salió a verlo.
2. No oró por él.
3. No le tocó su lepra.
4. Lo envió a un río lodoso para que se sumergiese.

D. El orgullo de Naamán se interponía entre él y su sanidad.

1. *"Dios resiste a los soberbios, y da gracias a los humildes" (1 P. 5:5).*

E. Dos ríos distintos: El profeta le manda decir a Naamán que se sumerja siete veces en el río Jordán, cuyas aguas eran cenagosas y turbias, a diferencia de otros ríos mejores que por allí había. Al igual que este general, cuando se les habla a algunas personas de obedecer para ser salvos dicen: ¿Acaso mi educación, mi religión, mis buenas obras no cuentan? El único medio para poder sanar la lepra del pecado, es a través de la obediencia a la Palabra de Dios.

III. El Resultado De La Obediencia (Vs. 13, 14)

A. Exhortación a la obediencia, *Josué 1:7 "Esfuérzate y sé muy valiente, para cuidar de hacer conforme a toda la ley que mi siervo Moisés te mandó; no te apartes de ella ni a diestra ni a siniestra, para que seas prosperado en todas las cosas que emprendas".*

B. Luego de la exhortación de sus criados, Naamán descendió y se zambulló siete veces en el Jordán, como le había ordenado Eliseo. Al dejar su orgullo de lado y obedecer, el general recibió su sanidad. "Reconoció que Jehová era el Dios verdadero: *"Ahora conozco que no hay Dios en toda la tierra, sino en Israel" (Vs. 15).*

C. Obedecer es recibir, *1 Juan 3:2. "Cualquiera cosa que pidiéremos la recibiremos de Él, porque guardamos sus mandamientos, y hacemos las cosas que son agradables delante de Él".* Totalmente nos conviene la obediencia a Dios pues allí está la ganancia.

Conclusión:

Dice el Señor que para él es más valiosa la obediencia que los sacrificios. La desobediencia nos aparta de las bendiciones de Dios, tal es el caso, por ejemplo, del rey Saúl quien por no obedecer las instrucciones que el profeta le había dado de parte de Dios, perdió su trono. A través de este mensaje a todos nos está hablando el Señor de diferentes formas. Una vez que Dios te haya ayudado, no te olvides de servirle.

Preguntas:

1. ¿Qué necesidad hay en tu vida que nadie ha podido resolver?
   - Respuesta personal.

2. ¿Qué beneficios puede traer a una persona el testimonio que podamos darle acerca de Dios?
- -Salvación
- - Sanidad
- - Solución a algún problema.

3. ¿Qué consecuencias trae el orgullo y la desobediencia a la vida de una persona?
- - Nos aleja de Dios, porque ambos son pecado.
- - Perdemos las bendiciones que Dios tiene para nosotros,
- - Nos quita la confianza de las personas.

Finalmente

A. Comparta la visión para el grupo según las instrucciones de sus superiores

B. Planear la reunión para la próxima semana: Use la hoja de planeación de actividades. Lo anterior lo encontrara en la sección: Dinámica Para Cada Lección, página 14.

C. Dé, los anuncios y servicios de la iglesia

Hogares Que Transforman **el Mundo**

TEMA 42: LA DIETA ESPIRITUAL

Rompehielo: ¿Alguna vez se ha enfermado por comer alimentos que no eran buenos para su organismo?

Escrituras: II Corintios 7:1, Hebreos 12:1, II Timoteo 2:20-21

Introducción:

La ciencia médica ha dicho que la causa de la mayoría de las enfermedades es la obesidad. La Diabetes, el cáncer y otras enfermedades crónicas están relacionados con un exceso de peso que hace trabajar a altas velocidades los órganos, tales como el corazón, hígado y páncreas. Así como el cuerpo físico se resiente por alimentarse indebidamente, el cuerpo espiritual también es afectado por el exceso de pecados que pesan sobre una persona.

I. El Peso Extra Nos Impide Alcanzar Las Metas Que Nos Hemos Propuesto

A. El Peso extra que llevamos debido a la culpabilidad del pecado, nos hace poner en una situación de desventaja al momento de quererle servir al Señor. Porque hemos venido acumulando ciertos hábitos, manías, costumbres o actitudes, que poco a poco van cargando y debilitando nuestro espíritu, evitando así que logremos alcanzar las metas que nos hemos propuesto.

B. Veamos algunas de las tantas cosas que podemos hacer para descargar de nuestras vidas todo aquello que nos ha impedido ser la persona que Cristo quiere que seamos, para usarnos para su honra y gloria.

C. Normalmente, cuando la báscula indica exceso de peso solemos acudir a una infinidad de regímenes para quitarnos esos molestos kilos, a los que muchas veces les atribuimos nuestro malestar interior, pero, ¿qué pasa cuando las libras de más realmente no son físicas sino emocionales?

D. "Esos kilos de sobra no son la principal causa de la infelicidad humana, sino que hay otras cargas mucho más tóxicas, de las que deberíamos deshacernos para poder caminar ligeros, y proporcionarle a nuestra vida la silueta que merece", asegura el autor español Francesc Miralles.

II. Limpiémonos De Toda Contaminación

A. *2a. Corintios 7:1 dice: "…limpiémonos…",* está en plural. Quiere decir que somos varios que tenemos este problema. Todos tenemos algo que cambiar. Esto quiere decir, que ninguna otra persona lo puede hacer por usted.

1. En algunos, podrá ser el carácter; en otros, quizá los prejuicios; en otros, un tanto de mundanalidad, o algún vicio, etc.

III. Despojémonos De Todo Peso Y Del Pecado

A. *Hebreos 12:1* Se repite la expresión en plural *"…despojémonos…"* También el escritor sagrado se incluye en la lista. Si acaso llegáramos a ver a alguien que necesita despojarse de lo que le estorba, quitémonos nosotros primero eso que nos afecta, y luego acerquémonos a la persona y digámosle cómo fue que lo hicimos, para ayudarle a que haga lo mismo.

B. Si en verdad estamos interesados en correr la carrera como Cristo lo ordena, entonces pongamos manos a la obra cuanto antes. Los resultados serán maravillosos.

IV. Áreas Que Necesitan Ser Removidas

A. *II Timoteo 2:20-21.* Si lo que más queremos es servir a Dios y sabemos que hay algo que no nos deja hacerlo, el escritor vuelva a hablar de limpiar.

1. La limpieza es personal.
2. La desintoxicación es personal.

B. Algunos que no lo hicieron, pagaron las consecuencias:

1. Unos están en la cárcel
2. Otros arruinaron sus matrimonios
3. Otros dividieron sus familias
4. Otros están fuera del ministerio
5. Otros simplemente murieron

Conclusión:

Para poder aliviar la carga que pesa sobre nuestras vidas, primero debemos empezar a destruir ese gran destructor de la armonía y de la serenidad; el gigante que habita nuestro ser, que es la jactancia. Reconocer la necesidad de una limpieza espiritual nos permite entrar a un circuito de prosperidad y confianza, en donde nos sentimos serenos y en paz con Dios y con nosotros mismos. Acepte a Cristo hoy. Hay una promesa de Dios para los que desean tener un corazón puro y limpio *Ezequiel 36:26 "Os daré un corazón nuevo y pondré un espíritu nuevo dentro de vosotros. Quitaré de vosotros el corazón de piedra y os daré un corazón de carne"*

Preguntas:

1. ¿Según la Biblia, de qué tipo de sobrepeso espiritual debemos despojarnos?
 - De toda contaminación que viene por el pecado.
 - Del viejo hombre.

2. Así como usted consume frutas para alimentarse, ¿qué tipo de fruto espiritual debe elegir?
 - El fruto del Espíritu: amor, gozo, paz, paciencia, bondad, benignidad, fe, Mansedumbre, templanza.

3. ¿Qué promete Dios que nos dará, si deseamos tener un corazón puro para servirle?
 - Nos dará un corazón nuevo y pondrá un espíritu nuevo en nosotros.

Finalmente

A. Comparta la visión para el grupo según las instrucciones de sus superiores.

B. Planear la reunión para la próxima semana: Use la hoja de metas y planeación semanal del grupo. Lo anterior lo encontrara en la sección: Dinámica Para Cada Lección, página 15.

C. Dé, los anuncios y servicios de la iglesia.

TEMA 43
LA JAULA DE ORO

Rompehielo: ¿Se ha esmerado alguna vez por algo y luego se ha desilusionado?

Escrituras: Luc.16:19-23, Marcos 8:36-37, Sal.49:16-18

Introducción:
Un hombre rico murió; la gente preguntaba: ¿Qué tanto dejó? Y la respuesta fue, "LO DEJÓ TODO". Y así es. ¿Qué vamos a dejar cuando pasemos a la eternidad? Tenemos unos pocos años en este mundo y luchamos, sudamos, planeamos tener un poco de dinero y placeres y luego nos vamos. ¿Pero a dónde? ¿Y qué tanto vamos a dejar? ¿Y cuál será el provecho de todo nuestro sudor, trabajo, y preocupaciones? Ahora tenemos que presentarnos ante el trono de Dios y darle cuenta de cómo gastamos nuestra vida y tiempo en la tierra. No importa si fuimos ricos, o pobres, si tuvimos fama, dinero, placeres, etc. Lo único que importará en aquel entonces es ¿que hicimos con la vida? y si teníamos a Cristo como nuestro Señor y Salvador. Porque "¿Qué aprovechará al hombre si ganare todo el mundo, y perdiere su alma?"

I. Acostumbrados A Vivir En Jaulas De Oro

A. Una vida exitosa, llena de conquistas profesionales e individuales, tener bienes en abundancia, gozar de buena salud y no tener problemas, suena coma la vida perfecta. No obstante no lo es, es solamente una jaula de oro si no se tiene a Jesucristo como Señor y Salvador.

1. Lamentablemente, existen muchas personas que se acostumbran a vivir en esas jaulas, lejos de DIOS y la salvación. Y llega un momento en que esa jaula se cierra eternamente. Si antes no hubo una aceptación de Jesucristo en sus vidas estas personas serán puestas en la jaula del infierno perpetuamente.

2. Cualquier persona que muera sin haber aceptado a Jesucristo como Señor y Salvador pasará a la jaula de oscuridad eterna.

B. A pesar de que alguien asegurare ser una buena persona y poseer una moral alta, si éste no confesare con su boca y creyere en su corazón que Jesucristo es el Señor, no entrará en el descanso eterno de DIOS. Porque para DIOS no es suficiente la justicia de un ser humano sino solamente la santidad perfecta de Jesucristo.

1. Esta justicia no se obtiene al realizar buenas obras o portarse bien, sino que es un regalo que se obtiene por gracia. Con tan sólo creer se puede salir de la jaula de oro e ingresar al cielo eterno.

2. "Porque por gracia sois salvos por medio de la fe; y esto no de vosotros, pues es don de Dios; no por obras, para que nadie se gloríe." Efesios 2:8-9

II. No Pierda Su Vida Corriendo Tras Lo Que No Dura

A. Nosotros perseguimos tantas cosas, sin embargo una sola cosa es necesaria: Dios. Tener las manos llenas de dinero, una gran casa o gran prestigio no significa mucho si llegas al final sin Dios. No perdamos nuestras vidas, nuestras almas o nuestro significado, corriendo tras lo que no dura.

1. *"No temas cuando se enriquece alguno, Cuando aumenta la gloria de su casa; Porque cuando muera no llevará nada, Ni descenderá tras él su gloria". Sal.49: 16-17*

2. *"Las riquezas de vanidad disminuirán; pero el que recoge con mano laboriosa las aumenta". Proverbios 13.11*

3. *"El que ama el dinero, no se saciará de dinero; y el que ama el mucho tener, no sacará fruto. también esto es vanidad. dulce es el sueño del trabajador, coma mucho, coma poco; pero al rico no le deja dormir la abundancia". Eclesiastés 5.10, 12.*

B. Siempre queremos más de lo que tenemos. Salomón observó que aquéllos que aman el dinero y lo buscan obsesivamente nunca encuentran la felicidad que el dinero promete.

1. Por otro lado, las riquezas atraen a los que viven a expensas de otros y a los ladrones que las desean. En muchas ocasiones las riquezas ocasionan insomnio y temor, y al final termina en pérdida porque no podemos llevárnoslas.

C. Si usted trata de lograr la felicidad acumulando riquezas, no importa cuánto gane, nunca tendrá suficiente. El dinero no es malo en sí mismo, pero el amor al dinero lleva a toda clase de pecados. Cualquiera que sea su situación financiera, no dependa del dinero para ser feliz; en vez de eso, utilice lo que tiene para colaborar en la extensión del reino del Señor Jesucristo.

D. Nuestra Oración debería ser ésta: Padre, ayúdame a mantener mis prioridades bien, mi vida santa y mi corazón abierto a tu voluntad en lugar de estar cegado con mis propios intereses.

1. Si actualmente se encuentra en una jaula de oro, lejos de Jesucristo y la verdadera vida que él ofrece, hoy puede salir si lo quiere. Sólo en Jesucristo encontrará felicidad y plenitud. En él está escrita su mejor historia.

Conclusión:

Reciba a Cristo, viva por él y en el día del juicio puede anticipar oír las palabras, "Bien, buen siervo y fiel; entra en el gozo de tu señor". Haga esta oración y reciba la verdadera libertad: "DIOS, perdona mis pecados. Creo en ti, acepto tu sacrificio para mi vida. Señor Jesús, por favor sálvame y sácame de la prisión. Entra en mi corazón y sé el Señor de mi vida. Por favor envía a mí tu Espíritu Santo, en el nombre de Jesús, Amén."

Preguntas:

1. ¿Le desagrada a Dios que alguien goce de una buena posición económica?
  - No, Dios desea que sus hijos sean prosperados en todo.
  - Lo que desagrada a Dios es que el cristiano no le honre con sus bienes.
  - También le desagrada a Dios que el hombre ponga su corazón en las riquezas.

2. ¿Por qué cree que amar las riquezas acarrea problemas?
  - Respuesta personal.

3. Cuando una persona cuyo corazón no está rendido a Cristo, adquiere riquezas, ¿qué cree que le sucede?
- Se envanece.
- Se torna orgullosa y prepotente,
- Es insensible e insaciable,

Finalmente

A. Comparta la visión para el grupo según las instrucciones de sus superiores.

B. Planear la reunión para la próxima semana: Use la hoja de metas y planeación semanal del grupo. Lo anterior lo encontrara en la sección: Dinámica Para Cada Lección, página 15.

C. Dé, los anuncios y servicios de la iglesia.

TEMA 44
LA MÁS GRANDE ELECCIÓN DE SU VIDA

Rompehielo: ¿Cuál ha sido la elección más importante que ha debido tomar en su vida?

Escrituras: Hebreos 11:24-27, 1 Jua.2:16-17

Introduccion:
En varias ocasiones en la vida, se nos presenta la necesidad de tener que elegir o escoger nuestro porvenir, pero la principal de todas es aquella que tiene que ver con nuestra salvación y el porvenir eterno de nuestra alma. Moisés, es un ejemplo de abnegación y del poder que un hombre puede recibir cuando se decide a perderlo todo por amor a Dios.

I. Moisés Hecho Ya Grande

A. Este tema lo podemos disfrutar mejor si miramos el trasfondo de Moisés. Muchas personas piensan que el Evangelio es sólo para gente no educada, y de baja condición. Están tremendamente equivocados pues Dios no hace acepción de personas; Dios llama a ricos y pobres, ignorantes y sabios, libres y esclavos, de toda raza y de toda nación. Todos conocemos la historia de Moisés, que era un hombre importante, que gozaba del favor y autoridad de la Corte; pero, Dios tenía otro destino para él, lo había elegido para rescatar a Su pueblo de la esclavitud. También hubo otros hombres importantes en la sociedad que Dios llamó, como:

1. Juan que era un teólogo.
2. Marcos, hijo de una familia rica.
3. Salomón, el hombre más sabio.
4. Lucas era un médico.
5. Pablo, uno de los hombres más grandes y respetados de aquel tiempo.
6. El eunuco era tesorero de la reina de Etiopía.

B. Que Dios haya elegido para servirle a estos hombres, tampoco quiere decir que llama solamente a los sabios, los que tienen una profesión o son altamente respetados en la sociedad, ¡NO! Como Dios soberano, Él elige a quien quiere; 1 Corintios 1:27 señala que: *"Lo necio del mundo escogió Dios, para avergonzar a los sabios; y lo débil del mundo, para avergonzar al fuerte; y lo vil del mundo y lo menospreciado escogió Dios, y lo que no es, para deshacer lo que es, a fin de que nadie se jacte en su presencia"*.

II. Lo Que Moisés Desechó

A. La dignidad de príncipe: Muchos han arriesgado hasta su vida para adquirir tal triunfo.

B. Los placeres de la corte: Seguramente eran muy atractivos; en esa posición sobran las ofertas.

C. Las riquezas: Moisés las había gozado y sabía el bien material que significaban para su futuro.

D. Lo que eligió moisés: Sufrir y morir con el pueblo de Dios, compartir el desprecio que sufría su pueblo, la burla de sus enemigos.

III. La Principal Causa De Su Elección

A. La fe: Por medio de la fe inculcada por su piadosa madre, Dios le enseñó a no valorar lo mundano 1 Jua.2:16-17. Por eso consideraba las riquezas de Egipto como: No satisfactorias, inciertas, perjudiciales en su influencia.

B. La recompensa que Moisés veía era la ciudad con fundamentos que esperaban los patriarcas.

"Por la fe habitó como extranjero en la tierra prometida como en tierra ajena, morando en tiendas con Isaac y Jacob, coherederos de la misma promesa; porque esperaba la ciudad que tiene fundamentos, cuyo arquitecto y constructor es Dios". (Heb.11:9-10).

C. Ambas cosas parecían lejanas e improbables. Pero su fe, le hizo valorar estas cosas lejanas por encima de lo presente y palpable. ¿No lo hará con nosotros?

IV. Hombres Que Sobresalieron A Causa De Su Decisión Por Dios

A. En la Biblia tenemos varios testimonios muy marcados de hombres que definitivamente sobresalieron a causa de su decisión por Dios, tales como:

1. Pedro, Andrés, Jacobo y Juan, quienes dejándolo todo al instante siguieron a Jesús. Mat.4:18-22.

2. Pedro y algunos otros discípulos, dejaron amigos, padres y hermanos. Mar.10:28.

3. Pablo, dejó su fama; teniendo todo esto lo perdió todo y lo tuvo por basura, para ganar a Cristo. Fil.3:7-8.

B. Algo importante para recordar:

1. Lucas dejó su consultorio.
2. Mateo, la mesa de los tributos.
3. Pedro y Andrés, las redes.
4. Pablo, los grandes puestos en las escuelas fariseas.
5. Abram dejó a Ur de los caldeos; y,
6. Moisés dejó Egipto.

Conclusión:

Después de oír tantos testimonios de hombres que por su sabia elección ahora se encuentran en las mansiones celestiales, ¿qué decisión tomará usted en este día, para alcanzar la felicidad que tanto anhela, en esta vida y en el más allá? Todos tenemos un día de oportunidad, y hoy Jesús le llama a decidirse por él. ¿Qué es lo que le duele dejar? Moisés es un gran ejemplo. ¿Qué le detiene para tomar la decisión más grande de su vida? Venga a los pies del Señor Jesucristo y recibirá la promesa de la vida eterna.

Preguntas:

1. Cuando Dios llama a alguien, ¿cuál es la respuesta que anhela oír?
- La obediencia, sin importar dejarlo todo.

2. ¿Qué dejaron de lado Moisés y los personajes que mencionamos anteriormente, por obedecer el llamado de Dios?
- Familia, pertenencias, amistades, su ciudad natal,
- Profesión, prestigio, etc.

3. Dios quiere elegirlo para servirle, ¿está listo?
- Respuesta personal.

Finalmente

A. Comparta la visión para el grupo según las instrucciones de sus superiores.

B. Planear la reunión para la próxima semana: Use la hoja de metas y planeación semanal del grupo. Lo anterior lo encontrara en la sección: Dinámica Para Cada Lección, página 15.

C. Dé, los anuncios y servicios de la iglesia.

Hogares Que Transforman **el Mundo**

12 SECCION

TEMA 45 La Moneda Perdida

TEMA 46 La Oveja Perdida

TEMA 47 La Ventaja De Jugar En Casa

TEMA 48 Preparación: La Llave Al Éxito

Hogares Que Transforman **el Mundo**

TEMA 45: LA MONEDA PERDIDA

Rompehielo: Compártanos si alguna vez usted perdió algo valioso, y qué hizo para encontrarlo.

Escrituras: Lucas 15:8-10

Introducción:
Esta es otra de las parábolas que muestra el profundo interés de Dios en buscar lo que se ha perdido; esta vez es representada la explicación por medio de una moneda. Recordemos algo; el escenario es el mismo en el cual Jesucristo explicó la parábola de la oveja perdida, y el mismo donde hablará sobre el hijo pródigo. La enseñanza se imparte en medio de un grupo de fariseos murmurando y criticando todo lo que hace Cristo. Por otro lado vemos a personas que, siendo rechazadas por la clase alta, son aceptadas por nuestro Señor.

I. Jesucristo Toma La Iniciativa De Buscar Esa Moneda

A. La parábola da inicio con una mujer buscando una moneda valiosa que había perdido. La mujer simboliza a nuestro Señor Jesucristo quien toma la iniciativa de buscar lo que se ha perdido: las almas.

B. Esta mujer, después de haber hallado la moneda, reúne a sus amigas y a sus vecinas, diciendo: Regocijaos conmigo, porque he hallado la dracma que había perdido.

"Así os digo que hay gozo delante de los ángeles de Dios por un pecador que se arrepiente". (Lucas 15:8-10).

C. Una Moneda con Valor, pero perdida: Lucas 15:8 Una moneda perdida entre el polvo, la tierra y la oscuridad.

1. Una Moneda es buscada por su Valor: Lucas 15:8

"¿O qué mujer que tiene diez dracmas, si pierde una dracma, no enciende la lámpara, y barre la casa, y busca con diligencia hasta encontrarla? Cuando sentimos que se nos cae una moneda, por instinto nuestra vista va tras ella".

II. La Iglesia Debe Aprender De Esto

A. La mujer de la parábola no se da por vencida, enciende una lámpara, barre la casa y busca la moneda, pues sabe que vale mucho. ¡Aprendamos eso con respecto al evangelismo!

1. Piense en la tristeza que causa un esposo en vicios o un hijo en rebeldía. Hacemos de TODO para que deje lo que está haciendo.

B. La moneda nunca perdió su valor, pero estaba perdida. Perdida no servía para nada, estaba fuera de circulación ya que una moneda solamente tiene valor cuando está en las manos de quien la posee.

   1. Gran alegría causa la moneda al ser encontrada: a su familia, a sus amigos, a sus vecinos, a todos en general. Lucas 15:9-10

C. Dios nos cuenta muchas historias y parábolas acerca de gente abandonada, despreciada, ignorada o perdida. Lucas escribe acerca de las mujeres, los mendigos, los hijos perdidos con tal sentimiento, que deja en evidencia su propia compasión y empatía por la gente sencilla.

III. La Parábola Aplicada

A. ¿Cuál debe ser nuestra actitud hacia el perdido? Hay tres actitudes diferentes que debemos asumir hacia el perdido:

   1. No considerarlos con indiferencia.
   2. Darles la bienvenida cuando ellos vienen a usted (los fariseos y los escribas consideraron a Jesús culpable de esto),
   3. Buscarlos. ¡Jesús los "buscó"! Luc. 19:10 (ver v.5) Debemos seguir su ejemplo. ¡Así debe ser nuestra actitud, no sólo dar la bienvenida, sino buscar a aquéllos que están perdidos!

B. Las parábolas de "La Oveja Perdida" y "La Moneda Perdida" describen el gozo celestial cuando un pecador se arrepiente. Luc. 15:7-10

C. ¿Cuál debe ser nuestra actitud correcta cuando un pecador se arrepiente?

Hogares Que Transforman **el Mundo**

    a. ¿Debemos regocijarnos?
    b. ¿Debemos ayudarlos a creer?
    c. ¿No criticarlos?
    d. ¿Debemos amarlos?

Conclusión:

Cuando un alma se arrepiente, ¡Debe ser una ocasión de gozo! Por ejemplo, Dios se regocija cuando los pecadores se arrepienten. Dios no sólo da la bienvenida a los pecadores, ¡Él se encamina a buscarlos! Es importante que poseamos esta misma actitud, porque usted y yo estamos para imitar a nuestro Salvador. No dejemos de encender la lámpara y buscar con diligencia la moneda perdida. ¡Habrá gozo en el cielo, y también en sus propios corazones! cuando la hayamos encontrado.

Preguntas:

1. ¿Cómo se relaciona la Parábola de la Moneda Perdida, con las personas?
 - Para Dios, el alma de una persona vale más que cualquier moneda valiosa.
 - Jesucristo vino a la tierra para rescatar lo que se había perdido.
 - Cuando un alma ingresa al Reino de los Cielos hay fiesta, porque se halló lo que se había perdido.

2. ¿Qué ejemplo debemos tomar de Jesús, respecto de su búsqueda por las almas?
 - Tener compasión por los perdidos.
 - Ser empáticos (ponernos en su lugar).
 - Ir a ellos, buscarlos.
 - Invitarlos a conocer la Verdad, que es Cristo Jesús.

3. ¿Qué ejemplo nos deja la mujer de la parábola, que debiéramos seguir?
  - Mantener la luz de Cristo encendida en nosotros, para iluminar las tinieblas.
  - Ser persistentes, en oración y ayuno, hasta encontrar al perdido.
  - Valorar y cuidar lo que hemos hallado para el Reino de los Cielos.

Finalmente

A. Comparta la visión para el grupo según las instrucciones de sus superiores.

B. Planear la reunión para la próxima semana: Use la hoja de metas y planeación semanal del grupo. Lo anterior lo encontrara en la sección: Dinámica Para Cada Lección, página 15.

C. Dé, los anuncios y servicios de la iglesia.

Hogares Que Transforman **el Mundo**

TEMA 46
LA OVEJA PERDIDA

Rompehielo: ¿Qué hizo Ud. cuando se le extravió un hijo, un sobrino o un familiar cercano?

Escrituras: Lucas 15:1-7, Mateo 9: 36-38

Introducción:
Jesús enseñaba a las personas contándoles relatos. Un día contó la historia de un pastor que tenía cien ovejas. El pastor era muy bueno y bondadoso; mantenía a las ovejas a salvo de los animales salvajes y las cuidaba toda la noche. Un día, una de las ovejas se perdió. El pastor dejó a las 99 ovejas en un lugar seguro y fue a buscar a la que estaba perdida. Buscó en lo alto de las montañas y muy lejos en el desierto. Cuando por fin la encontró, el pastor reunió a sus amigos y les contó cómo había encontrado la oveja, y juntos celebraron.

Esta parábola explica y muestra el amor de Dios por los perdidos, en este caso se refiere a los pecadores. Cristo utiliza una Oveja, una Moneda y a un Hijo, para explicarle al mundo el interés de Dios en salvar lo que se ha perdido.

I. Jesús Nos Cuida Y Nos Protege De Peligros

A. Esta parábola nos da a entender que Dios está en acción, en busca de nuestro bien, y que no descansará hasta que estemos en un lugar seguro.

B. Somos nosotros quienes nos perdemos y es Dios quien nos encuentra, nos levanta, nos limpia y nos regresa al lugar donde él siempre ha querido que estemos: en su presencia. Así que, hay gran gozo cuando nos reconciliamos con Dios.

C. Dios y los ángeles sienten y manifiestan gozo cuando un perdido es encontrado. Sentimiento que la Iglesia debe poseer al ver venir a los pecadores a tener un encuentro con Jesús.

1. Una cosa es importante mencionar y es que la oveja perdida representa al ser humano y cuando el pastor la trae, tanto él, como las 99 ovejas sienten el gozo de haberla encontrado.

II. La Oveja En Peligro: Lucas 15:4

A. Éste es el estado de los que están sin Cristo. Mat.9: 36-38 *"Y al ver las multitudes, tuvo compasión de ellas; porque estaban desamparadas y dispersas como ovejas que no tienen pastor. Entonces dijo a sus discípulos: A la verdad la mies es mucha, más los obreros pocos. Rogad, pues, al Señor de la mies, que envíe obreros a su mies".*

B. La oveja peligraba en el desierto:

1. Peligro de las fieras.
2. Peligro de morir de hambre y sed.
3. El pastor peligraba de perder una oveja que tiene mucho valor.
4. El pastor supo que valía la pena salir en búsqueda de ella.

III. La Única Esperanza Era Que El Pastor La Buscara: Lucas 15:4

1. Era responsable de la vida de la oveja.

2. Tenía que dar cuentas al dueño del rebaño,

3. No había esperanza para la oveja. La única esperanza era que el pastor llegara a traerle.

4. La oveja no tenía la noción de regresar, no sabía cómo hacerlo, la oveja no tiene sentido de dirección, necesita que alguien le guíe.

5. Así estábamos nosotros, hasta que el pastor de las ovejas nos encontró y nos trajo a Su redil.

   Isa.53:6 "Todos nosotros nos descarriamos como ovejas, cada cual se apartó por su camino; mas Jehová cargó en él el pecado de todos nosotros".

IV. El Gozo Del Pastor Que Halló Su Oveja: Luc.15:5-7

1. El gozo era común, no sólo el pastor se regocijaba, también los vecinos al recibir la noticia del pastor que traía a la oveja en sus hombros.

2. Se goza el cielo, por una sola oveja encontrada, eso es lo que causa cuando hay conversiones en nuestra iglesia, en nuestros grupos de hogar.

3. Nada debe ser más importante para la iglesia, que rescatar a las ovejas que están perdidas.

Conclusión:
Si sientes que nadie te aprecia, recuerda esta parábola. Jesucristo es el pastor del relato, y nosotros somos como las ovejas. Jesús nos cuida y nos protege del peligro. No nos abandona cuando cometemos errores, y se alegra cuando nos arrepentimos y regresamos a Su casa. Es por eso que en las Escrituras se le llama el Buen Pastor. Dios nos busca, Dios estuvo dispuesto a dar su vida para rescatarnos. Cuando una persona regresa a Dios, hay gran celebración en el cielo. ¡Regresa hoy y pídele perdón. Él te perdonará!

Preguntas:

1. ¿A quiénes representan los personajes de la Parábola?
- El buen Pastor, es Jesús; la oveja perdida, un alma.

2. ¿Por qué le interesa a Jesucristo rescatar las almas perdidas?

- Porque él ama su creación y no desea que nadie se pierda.
- Porque él dio su vida y derramó su sangre, para darnos vida eterna a su lado.

3. Cuando el Pastor halla a su oveja perdida, sucia, herida, débil, casi muerta, ¿qué hace?

- La carga sobre sus hombros y la regresa al redil.
- La alimenta y le da de beber.

- La limpia y cura sus heridas.
- La cuida hasta verla fortalecida.
- La protege del devorador, junto a las demás.

Finalmente

A. Comparta la visión para el grupo según las instrucciones de sus superiores.

B. Planear la reunión para la próxima semana: Use la hoja de metas y planeación semanal del grupo. Lo anterior lo encontrara en la sección: Dinámica Para Cada Lección, página 15.

C. Dé, los anuncios y servicios de la iglesia.

TEMA 47
LA VENTAJA DE JUGAR EN CASA

Rompehielo: ¿Con quién se sentía muy unido cuando estaba creciendo? Y ¿Qué era lo que producía esa unidad?

Escrituras: Prov. 17:17, Eclesiastés 4:9-10, 1 Tes. 5:11, Mat. 5:43-44

Introducción:

En los deportes, es común que los equipos jueguen mejor cuando lo están haciendo en casa frente a sus fanáticos, que cuando están jugando en la casa del equipo contrario. Este fenómeno se llama "La Ventaja de Jugar en Casa," y verdaderamente hace una gran diferencia en el comportamiento del equipo.

Mario Oseguera

I. Lo Mejor De La "Ventaja De Jugar En Casa"

A. La "Ventaja de Jugar en Casa" trabaja, porque provee una atmósfera de apoyo, aceptación, ánimo y afirmación. Bajo esta atmósfera de aplausos y ánimo, el jugador se puede relajar, y esto ayuda a que dé lo mejor de sí.

1. Desdichadamente, muchos hogares hoy en día (incluyendo hogares cristianos) no proveen un ambiente de ánimo a sus integrantes y esto causa que los miembros de la familia vayan a otros sitios para encontrar el apoyo que necesitan.

II. La Fundación De Toda Relación

A. Todo hogar puede tener "la Ventaja de Jugar en Casa", pero no va a suceder por accidente. Para que esto ocurra, siga estos principios cristianos:

1. Amor y Aceptación Incondicional: La fundación de toda relación.

2. Elogio y Afirmación: Palabras que edifican y animan deben de ser habladas frecuentemente. Esto aumenta la autoestima y la autoconfianza.

3. Libertad Para Fracasar: La mayoría de los padres tratan de mantener a los hijos sin fracasos, pero todos los niños cometen errores. La mejor manera de hacer esto es aconsejándolos, dejándolos, y si fracasan, entonces aceptarlos y luego restaurarlos.

4. Permita Expresiones Emocionales: Todo el mundo se frustra o se molesta alguna vez en su vida. Permitir que otros expresen sus decepciones abre el camino para que las personas sean transparentes. Sin embargo, no permita que alguien utilice esto para llamar la atención o para excusar un comportamiento grosero.

5. **Aprecie las cualidades de cada miembro de la familia:** Así como todos tenemos debilidades, cada persona también tiene sus fortalezas, habilidades y buenas cualidades, que podemos apreciar y elogiar.

6. **Mantenga las críticas y reprimendas en lo mínimo:** Críticas y reprimendas crean resentimientos y muy pocas veces influyen para que alguien cambie. Por otro lado, los elogios motivan a las personas a cambiar, por ello todos necesitan y quieren recibir algún elogio en su casa.

Conclusión:

Estas sugerencias van ayudar a que alguien se sienta aceptado y apoyado en casa. Pero, en cuanto a los hijos, los halagos deben ser balanceados con disciplina. Las personas necesitan que se les diga cuando están haciendo mal. Sin embargo, si no hablamos la verdad en amor, los podemos alejar.

Cuando consideramos que Jesús quiere que amemos a nuestros enemigos, no debiera ser muy difícil para nosotros amar a los que "Juegan en Casa", que son las personas que más amamos en nuestras vidas. ¡Cuándo lo hagamos, vamos a encontrar que ellos también nos los van a devolver!

Preguntas:

1. ¿Qué le hace sentir seguridad en la relación con sus familiares y amistades?
- Saber que ellos realmente nos quieren y cuidan de nosotros.

2. ¿Qué dificulta dar ánimo y reconocimiento a los miembros de nuestra familia?
- A veces, nuestros familiares no son agradecidos, sino rebeldes e insensatos.
- Viejos hábitos son difíciles de romper.
- Nuestros familiares no nos lo dan, así que es difícil dárselo a ellos.)

3. ¿Cómo podemos estar seguros de que le estamos dando a otros la "Ventaja de Jugar en Casa"?
- Simplemente, preguntándole a los que viven con nosotros.
- Practicando las sugerencias de este tema.
- Si hay paz, amor y armonía en nuestras relaciones con otros.

4. ¿Qué cambios está dispuesto a hacer para mejorar su comunicación y armonía en su hogar y en su relación con otros?
- Respuesta personal.

Finalmente

A. Comparta la visión para el grupo según las instrucciones de sus superiores.

B. Planear la reunión para la próxima semana: Use la hoja de metas y planeación semanal del grupo. Lo anterior lo encontrara en la sección: Dinámica Para Cada Lección, página 15.

C. Dé, los anuncios y servicios de la iglesia.

TEMA 48: LA LLAVE AL ÉXITO

Rompehielo: Comparta de alguna ocasión cuando se presentó sin preparación para realizar alguna tarea. ¿Cuál fue el resultado?

Escrituras: Mateo 25: 1-13, Lucas 12:47, 1 Pedro 3:15

Introducción:
En Washington, D. C., las escuelas públicas estarán abriendo 3 semanas tarde este año a causa de grandes problemas de mantenimiento en sus edificios escolares. Parece que el Congreso fue lento en delegar dinero para arreglar los edificios, y esto ocasionó demoras para comenzar las reparaciones. Un muchacho de 14 años comentó acerca de la situación: "pienso que es hipócrita que ellos nos digan que nos preparemos para el futuro, y ellos no tienen nuestras escuelas listas a tiempo."

Hogares Que Transforman **el Mundo**

I. La Preparación Afecta Cada Área De Nuestro Vivir

A. Cuándo pensamos acerca de la preparación, ésta afecta casi cada área de nuestra vida. Por ejemplo, el alimento se tiene que comprar a tiempo, la ropa se tiene que lavar y se tiene que planchar a tiempo, se tiene que estudiar si se quiere pasar el examen, se le tiene que dar mantenimiento al carro, a tiempo etc.

B. La preparación tiene un efecto más grande en nuestras vidas de lo que muchas personas reconocen, por lo que la preparación o la falta de ella a menudo determina nuestro éxito o el fracaso en la vida.

   1. El trasbordador espacial "Desafío" estalló en vuelo, una fría mañana en Florida, porque un "anillo" en uno de sus cohetes de propulsión se agrietó. Los ingenieros sabían que ellos lo debieron haber cambiado, pero el director del proyecto dijo que estaría bien. ¡Esta falta de preparación costó la vida de 7 astronautas y destruyó una nave espacial de un valor de más de un billón de dólares!

II. La Falta De Preparación También Nos Afecta Espiritualmente

A. Aunque no nos parezca, la falta de preparación también nos afecta espiritualmente. Las cinco vírgenes insensatas, en Mateo 25, no entraron al cielo porque ellas no se prepararon a tiempo. Verdaderamente, ellas tomaron aceite en sus lámparas, pero ellas fallaron en traer suficiente. La preparación inadecuada les costó sus almas.

B. Además de estar listos para reunirnos con el Señor en cualquier momento, los cristianos también necesitamos estar llenos de oración para afrontar las situaciones difíciles.

   1. No es suficiente decir, "Señor, perdóneme por no haber orado como yo debía los meses pasados, pero mi niño fue golpeado por un carro y yo necesito un gran milagro."

2. La única manera de poder estar preparados para las emergencias del futuro es por medio de mantener una buena relación en la oración diaria.

III. Tome Tiempo Para Sus Tareas

A. La Biblia dice que siempre debemos estar listos para decirle a las almas perdidas cómo encontrar a Jesucristo, y esto toma preparación de nuestra parte. Muchas personas sienten que son incapaces de dirigir a alguien al Señor, pero la razón por la que ellos no pueden, es porque nunca han tomado tiempo de prepararse para la tarea.

Aquí están unos cuantos Principios que probablemente revelará la importancia de una buena preparación:

1. Lo que hace HOY le prepara para el mañana. "Cualquier cosa que estoy haciendo hoy me está preparando para el mañana. Si estoy haciendo poco hoy, no voy a estar preparado para el mañana. Si estoy haciendo las cosas correctas hoy, voy hacer exitoso en el mañana, ya que el mañana refleja exactamente lo que estoy haciendo hoy." Autor desconocido

2. Es mejor preparar que Reparar. Un viejo dicho entre carpinteros dice, "mídelo dos veces; corta una vez."

3. La preparación de hoy te da confianza para el mañana. Un viejo dicho dice, "La práctica hace al maestro."

4. La Preparación de hoy, trae el éxito en el mañana. "Campeones no llegan a ser campeones en el cuadrilátero. Ellos son meramente reconocidos en el cuadrilátero. Su comienzo pasa en su rutina diaria." Autor desconocido

John F. Kennedy dijo una vez, "El tiempo de arreglar el techo, es cuando el sol brilla." Aunque no es una declaración profunda, es un retrato bueno de palabras que nos ayuda a ver el valor de la preparación.

Preguntas:

1. ¿Qué es lo que causa que la gente esté desprevenida?
- Una actitud de "eso es suficiente". Confían en su propia capacidad.
- No dedican suficiente tiempo para preparase.
- Investigación insuficiente.
- Su mente está concentrada en grandes problemas.
- Dejan las cosas para después.
- Pereza. (No les gusta el trabajo para el que se están preparando).

2. ¿Cuáles son los resultados de estar bien preparados?
- Nos hará sentir más seguros.
- Nos ayudará a no fallar.
- Nos traerá el respeto de otros.

3. ¿En qué áreas de su vida necesita mejorar su preparación?
- Respuesta personal.

Finalmente

A. Comparta la visión para el grupo según las instrucciones de sus superiores.

B. Planear la reunión para la próxima semana: Use la hoja de metas y planeación semanal del grupo. Lo anterior lo encontrara en la sección: Dinámica Para Cada Lección, página 15.

C. Dé, los anuncios y servicios de la iglesia.

SECCION 13

TEMA 49 ¿Quién Me Ha Tocado?

TEMA 50 Un Corazón Renovado

TEMA 51 Somos Más Que Vencedores

TEMA 52 Es Tiempo De Cambios

TEMA 49

¿QUIÉN ME HA TOCADO?

Rompehielo: ¿Alguna vez, ha hecho Dios un milagro de sanidad en su vida?

Escrituras: Marcos 5:24-34

Introducción:

Después de sanar el Señor al endemoniado gadareno, pasó a Capernaum, donde una multitud salió a su encuentro. Encontrándose rodeado de una enorme cantidad de gente, vino un hombre principal de la sinagoga llamado Jairo y le rogó que fuera a su casa a sanar a su hija que se estaba muriendo. Yendo a casa de Jairo, por el camino, vino una mujer que padecía flujo de sangre y tocó Su vestidura.

Hogares Que Transforman **el Mundo**

I. Una Mujer En Necesidad (Vs.25)

A. Físicamente

1. Padecía flujo de sangre.

2. Hacía doce años que había estado sufriendo esta enfermedad.

3. Su enfermedad fue lo que la llevó a Cristo. Posiblemente, si no hubiera estado enferma, nunca hubiera buscado a Cristo.

B. Fueron las necesidades y angustias las que hicieron que la gente buscara al Señor:

1. Dos ciegos vinieron a Cristo y le gritaron: *"¡Señor, Hijo de David, ten misericordia de nosotros!" (Mt.20:31).*

2. De un leproso que vino donde el Señor, Marcos dice lo siguiente: *"Vino a él un leproso, rogándole; e hincada la rodilla, le dijo: Si quieres, puedes limpiarme". (Mr. 1:40).*

3. Estudie la vida de Jacob, la mujer Cananea, María Magdalena, y el hijo prodigo y encontrá que la necesidad, los hizo buscar a Dios.

C. Económicamente "Había gastado todo lo que tenía". (Vs.26)

1. La enfermedad ¡Había agotado todos sus recursos personales! Muchas veces éste es el medio que Dios usa para que nos rindamos, porque mientras quedan recursos seguimos luchando contra él.

D. Emocionalmente

1. *"Había visitado muchos médicos y nada había aprovechado, antes le iba peor..." (Vs.26).*

2. Esta mujer había sufrido durante doce largos años no sólo físicamente sino que también emocionalmente.

II. La Impotencia De Los Médicos

A. Este relato nos habla de cómo llega un momento cuando los recursos humanos son ineficaces para solucionar los problemas del hombre. En el caso de la mujer, no es que los médicos hayan sido malos, sino que el problema era tan grave que ningún hombre lo podía solucionar.

B. ¡Cuántas vidas hay así! En ellas fracasan consejeros, psicólogos, psiquiatras, no porque sean incompetentes, sino porque los problemas llegan al punto en que ningún recurso humano es eficaz.

III. Una Mujer Tenaz

A. Cinco veces en este relato se menciona que era una multitud la que seguía y apretaba a Cristo (vs. 21, 24, 27, 30,31).

B. Quizá había muchas mujeres enfermas, como ciegos y leprosos, pero esta mujer no se conformó con su situación, sino que se dijo a sí misma: "no retrocederé hasta tocar el vestido de Jesús, pues sé que él me sanará y mi vida cambiará". Esta actitud fue semejante a lo que hizo el Hijo pródigo.

C. Muchos, no hemos recibido porque no hemos mostrado tenacidad. Hay hogares que se están destruyendo porque ha faltado la tenacidad de un hombre o una mujer; se han conformado con tener una vida matrimonial llena de problemas, creyendo que eso es natural.

D. A esta mujer no le importó el sacrificio, la vergüenza de su enfermedad, las dificultades que tuvo que enfrentar para alcanzar a Jesús en medio de la multitud. Si la mujer se hubiera puesto a pensar en los obstáculos que iba a enfrentar quizá no hubiera llegado donde Cristo. Ella pudo haber pensado:

1. Es imposible que llegue donde Jesús, la multitud es enorme. Son tantas las personas necesitadas; para que me atienda a mí será muy difícil. Sin embargo, siguió caminando y forcejeando hasta donde Cristo estaba, y no se detuvo porque su objetivo final era tocar el manto de Cristo y recibir así su sanidad. (vs.28).

Conclusión:

¡Qué respuesta tan gloriosa! Llegó enferma, desmoralizada, vacía y debilitada, pero salió diferente después de haber estado con Jesús. Y usted, ¿cuándo se acercará al Señor? ¿Qué es lo que está buscando? ¿La simple compañía de la multitud, o el toque milagroso de Cristo? No importa con qué necesidad se haya acercado a esta reunión hoy. Aquí está el poder de Dios, para sanar las tristezas, sanar las enfermedades y los fracasos.

Preguntas:

1. ¿Qué actitudes demostró la mujer de la historia, para alcanzar el manto de Jesús?

- Tuvo fe.
- Tomó una decisión.
- Fue al encuentro de Jesús.
- Venció todo obstáculo que se interpuso en su camino.
- Perseveró hasta lograr su objetivo.
- Humillada, agradeció a Jesús.

2. ¿Por qué cree que Dios desea dar salud a su cuerpo como a su alma?
- Para que le glorifiquemos y demos testimonio de Su grandeza.
- Por que Dios siente compasión por los que sufren.
- Por que Dios sana a los quebrantados de corazón.
- Por que Dios quita el manto de luto y tristeza, y pone óleo de gozo sobre nuestras cabezas.

A. Comparta la visión para el grupo según las instrucciones de sus superiores.

B. Planear la reunión para la próxima semana: Use la hoja de metas y planeación semanal del grupo. Lo anterior lo encontrara en la sección: Dinámica Para Cada Lección, página 15.

C. Dé, los anuncios y servicios de la iglesia.

TEMA 50
UN CORAZÓN RENOVADO

Rompehielo: ¿Ha compartido con alguien que ha tenido una cirugía de corazón o un trasplante? ¿Cómo era su vida antes y cómo lo es ahora?

Escrituras: Eze.36:26-27, Prov. 4:23

Introducción:

El corazón es un campo de batalla donde el enemigo quiere ganar. Algunos no saben, ni conocen su posición en Cristo y por eso dejan que el enemigo ataque y endurezca sus corazones por medio del pecado. ¿Qué tan importante es nuestro corazón? De él mana la vida, es tan importante que el enemigo lo quiere. Si permitimos que el enemigo lo llene, podemos lastimar a la Iglesia, a nuestra familia, hermanos y a otras personas.

Mario Oseguera

(Mateo 12:34) dice: *"Generación de víboras ¿Cómo podéis hablar lo bueno, siendo malos? Porque de la abundancia del corazón habla la boca".* No dejemos que Satanás robe nuestras bendiciones, ni nuestra salvación.

I. Por Qué Es Importante Un Corazón Renovado

A. Porque el corazón es la matriz de todas las decisiones del hombre.

1. *Marcos 7:21-23, "21 Porque de dentro, del corazón de los hombres, salen los malos pensamientos, los adulterios, las fornicaciones, los homicidios, 22 los hurtos, las avaricias, las maldades, el engaño, la lascivia, la envidia, la maledicencia, la soberbia, la insensatez. 23 Todas estas maldades de dentro salen, y contaminan al hombre".*

B. Porque Dios me quiere bendecir.

1. *"¿Quién subirá al monte de Jehová? ¿Y quién estará en su lugar santo? El limpio de manos y puro de corazón; el que no ha elevado su alma a cosas vanas, ni jurado con engaño. "(Salmos 24:3-4)*

C. Porque puedo asegurar un lugar en el cielo.

1. *"Bienaventurados los de limpio corazón, porque ellos verán a Dios". Mat.5: 8*

2. *"No se turbe vuestro corazón; creéis en Dios, creed también en mí. En la casa de mi Padre muchas moradas hay; si así no fuera, yo os lo hubiera dicho; voy, pues a preparar lugar para vosotros. Y si me fuera y os preparare lugar, vendré otra vez, y os tomare a mí mismo, para que donde yo estoy, vosotros también estéis". (Juan 14:1-3)*

II. ¿Cómo Puedo Renovar Mi Corazón?

A. Entregándoselo a Dios. *"Dame, hijo mío, tu corazón…"(Pedro 23:26)*

B. Confesando mi pecado. *"Crea en mi oh Dios, un corazón limpio, y renueva un espíritu recto dentro de mí. No me eches de delante de ti, y no quites de mí tu santo espíritu. Vuélveme el gozo de tu salvación, y espíritu noble me sustente." (Salmos 51:10-12)*

C. Dejando que Dios lo limpie. *"Ten piedad de mí, oh Dios, conforme a tu misericordia; Conforme a la multitud de tus piedades borra mis rebeliones. 2 Lávame más y más de mi maldad, Y límpiame de mi pecado". (Salmos 51:1-2)*

"Esparciré sobre vosotros agua limpia, y seréis limpiados de todas vuestras inmundicias; y de todos vuestros ídolos os limpiaré. "Os daré corazón nuevo, y pondré espíritu nuevo dentro de vosotros; y quitare de vuestra carne el corazón de piedra, y os daré un corazón de carne. Y pondré dentro de vosotros mi espíritu, y haré que andéis en mis estatutos, y guardéis mis mandamientos, y los pongáis por obra". (Ezequiel 36: 25-27)

Conclusión:

A causa de la caída de Adán, el corazón del hombre se ha vuelto como de piedra que rechaza la entrada del tesoro de Dios.

"Y vio Jehová que la maldad de los hombres era mucha en la tierra, y que todo designio de los pensamientos del corazón de ellos era continuo solamente el mal". (Génesis 6:5)

Oración: Señor Jesús mi anhelo es parecerme a ti. Deseo agradarte. Quiero que te sientas complacido en mí. Cambia mi corazón. Cambia mi sentir. Hazme amar como tú amas. Dame tu amor. Hazme ver a mis hermanos como tú los ves. Dame tu sentir. ¡AMÉN!

Preguntas:

1 ¿Cómo logramos tener un corazón cambiado o renovado?

- Orando, confesando nuestros pecados, perdonando y pidiendo perdon.

2 ¿Según lo que hemos estudiado, de qué puede llenarse un corazón no renovado?

- Malos pensamientos
- Adulterio
- Fornicación
- Hurtos
- avaricias
- Maldades
- Borracheras
- Homicidios etc.

3. ¿Cuáles son los frutos de un corazón renovado?

- Respuestas varia

Finalmente

A. Comparta la visión para el grupo según las instrucciones de sus superiores.

B. Planear la reunión para la próxima semana: Use la hoja de metas y planeación semanal del grupo. Lo anterior lo encontrara en la sección: Dinámica Para Cada Lección, página 15.

C. Dé, los anuncios y servicios de la iglesia.

TEMA 51: SOMOS MÁS QUE VENCEDORES

Rompehielo: Cuéntenos de algo que usted venció después de haber luchado con todas sus fuerzas.

Escrituras: Deuteronomio.28.13, 2 Corintios. 2:14, Romanos.8:35-39.

Introducción:

La gran enseñanza de la Biblia es que somos llamados a ser "más que vencedores". Pero la triste realidad es que una gran mayoría de cristianos vive en derrota: derrota espiritual, física, emocional, económica. En ninguna de estas áreas Dios quiere que estemos derrotados; al contrario, quiere que en todas ellas seamos más que vencedores.

I. Anímese A Formar Parte De Su Ejército

A. Hay una gran necesidad que los hijos de Dios vistan las armas y tomen el lugar que les corresponde; hay personas que no entienden que su posición no es estar abajo, ni atrás, sino como cabeza y no cola. Nosotros fuimos llamados a ser cabeza y no cola.

B. Consideremos algunas evidencias bíblicas de lo que la Palabra de Dios nos enseña al respecto.

1. Intervención divina: *Salmo 44:5 "Por medio de ti sacudiremos a nuestros enemigos; En tu nombre hollaremos a nuestros adversarios".*

2. Dios nos da poder contra las fuerzas espirituales de maldad: *Luc.10:19 "He aquí os doy potestad de hollar serpientes y escorpiones, y sobre toda fuerza del enemigo, y nada os dañará".*

3. Dios nos da poder para vencer las atracciones del mundo: *"1 Jua.5:4 Porque todo lo que es nacido de Dios vence al mundo; y esta es la victoria que ha vencido al mundo, nuestra fe".*

C. Estas escrituras nos garantizan el interés que Dios tiene en darnos una vida victoriosa, que es su voluntad. El desea que tengamos victoria (espiritual, física, emocional y económica), él quiere que seamos más que vencedores.

II. Hay Que Renovar Nuestra Manera De Pensar

A. Dios no trata con una mente cerrada y contaminada.

1. Dios no puede operar en nuestra mente si está llena de duda y acostumbrada a cosas negativas.

2. El lugar donde se libran todas las guerras es la mente. De acuerdo a la manera de pensar es que somos victoriosos o derrotados, exitosos o fracasados. (Efe.4:22)

B. Tres tipos de contaminación que impiden que Dios opere:

1. Relaciones negativas con nuestros semejantes, tales como: Odio, resentimiento, rencor, enojo, ira, enemistad, celos, crítica, menosprecio, indiferencia.

2. Estados anímicos negativos tales como: Miedo, duda, preocupación, depresión, complejo de inferioridad, culpabilidad.

3. Sensualidad: Esto es, todo aquello que tiene que ver con la lascivia, lujuria, etc.

III. Hay Que Pensar En Términos De Victoria Y No De Derrota

A. Pablo podría haber dicho: pues aquí en la cárcel, sufriendo pruebas y luchas, no vale la pena seguir adelante. Pero él le dijo al diablo y al mundo: "Antes en todas estas cosas somos más que vencedores…". No dijo soy más que vencedor, dijo "somos".

B. Una actitud victoriosa es muy importante en la vida cristiana.

1. Si la persona vive bajo la pesadilla de su inferioridad, de su pobreza, de su enfermedad, o de sus fracasos, entonces Dios nunca podrá obrar en ella.

C. Existe la oportunidad de renovar la mente; la oportunidad de pensar en términos de triunfo, victoria, gozo, paz, milagros y abundancia.

IV. Los Pensamientos Son Semillas Que Fructifican

A. Lo que uno piensa, eso es: si piensa cosas espirituales, practicará cosas espirituales, si piensa cosas mundanas, esas cosas dominarán su vida; si piensa mal de la gente, siempre actuará mal hacia ella; si piensa siempre en sus fracasos y derrotas, siempre será un fracasado y un derrotado; si piensa siempre en lo imposible de las cosas, nunca logrará algo.

B. Veamos Hebreos 11:1: *"Es, pues, la fe la certeza de lo que se espera, el convencimiento de lo que no se ve." La fe es la seguridad y convicción de que aquello que aún no está concretado se va a realizar.*

Conclusión:

En ocasiones nos sentimos inferiores, y como que otros son los que han sido llamados para triunfar; como si el ministerio de Dios, no es para nosotros; pero hoy quiero deshacerte esa pared de barro. La Biblia dice: que tú y yo hemos nacido para vencer.

"Más a Dios gracias, el cual nos lleva siempre en triunfo en Cristo Jesús..." (2 Co. 2:14). Rom.8:31 "¿Qué, pues, diremos a esto? Si Dios es por nosotros, ¿quién contra nosotros?"

La vida cristiana es ascendente y victoriosa. ¿Qué nos detiene de creerlo?

Preguntas:

1. ¿Qué se requiere para ser un gran triunfador?
- Ser perseverante en medio de los momentos difíciles.
- Tomar una resolución de pelear, con la ayuda de Dios.
- Hacer un compromiso delante de Dios, de morir aun, peleando la buena batalla.

2. ¿Qué debo hacer con mis pensamientos para poder obtener la victoria?
- Hacer una renovación completa de mis palabras y mis pensamientos.
- No hacerle caso a mis sentimientos, sino a la Palabra de Dios.
- Leer cada día la Palabra de Dios para que mi mente se renueve.

3. ¿Qué es lo que usted espera vencer en este año?
- Respuestas variadas

Finalmente

A. Comparta la visión para el grupo según las instrucciones de sus superiores.

B. Planear la reunión para la próxima semana: Use la hoja de metas y planeación semanal del grupo. Lo anterior lo encontrara en la sección: Dinámica Para Cada Lección, página 15.

C. Dé, los anuncios y servicios de la iglesia.

TEMA 52: ES TIEMPO DE CAMBIOS

Rompehielo: ¿Qué tan difícil fue cuándo Ud. tuvo que cambiar algún habito que tenía arraigado?

Escrituras: Rom. 12:1-2; Stgo.4:4; Gál. 5:16

Introducción:

Hay muchas personas que tienen ideas tan arraigadas en su mente que se resisten a cambiarlas, aun cuando puedan ver que lo que se les está proponiendo es mejor para ellos. Muchos dicen: "yo soy así, y yo no puedo cambiar". Y aún peor, una persona le puede decir a su pareja, "¡Jamas vas a cambiar!", reforzando en esa mente esta idea errónea.

Mario Oseguera

I. Todos Podemos Cambiar Renovando nuestra mente cada día

A. NADIE puede alcanzar la virtud de Dios si no se deja guiar por el Espíritu Santo, se decide a cambiar su carácter y renuncia a sus viejos hábitos.

B. ¿Cómo puede producirse ese cambio? Renovándonos de día en día con la ayuda del Espíritu Santo. ¡Todos podemos! Por esa razón el apóstol Pablo nos insta diciéndonos:

"Andad en el Espíritu y no satisfagáis los deseos de la carne". (Gál. 5:16).

II. Una Transformación Interna

A. *¡No os conforméis a este siglo!,* -dice la Palabra- *sino transformaos por medio de la renovación de vuestro entendimiento.* Nuestra mente comienza a programarse desde el vientre materno. Luego, al nacer la persona, su mente comienza a programarce por lo que exteriormente aprende.

1. Lo que se aprende en la etapa de la niñez perdura en el tiempo. Todo lo que aceptamos como una verdad en nuestra vida va quedando impreso en nuestra mente, como en la memoria de una computadora. Se dice que el hombre o mujer, es lo que piensa de sí mismo.

2. Si tú piensas que eres poca cosa, que no sirves o que no puedes, serás incapaz de alcanzar los propósitos que Dios ha predestinado para ti desde antes que nacieras.

3. ¿Cuál es la razón por la cual el viejo carácter, los viejos patrones de comportamiento que tú tienes permanecen aún en tu vida? Tal vez digas: Yo siempre he sido así y es difícil que cambie".

Pregúntate: ¿Por qué sigo pensando, hablando y actuando de la misma manera cada día? ¿Por qué sigo arrastrando las mismas cargas, y me sigo culpando de lo que pasó hace tanto tiempo?

B. La respuesta es: ¡porque tú no has querido cambiar tus viejos patrones de comportamiento! Te has conformado con seguir pensando negativamente, con seguir acariciando tus viejas costumbres y quieres que Dios obre en tu carácter, que Él te cambie, ¿verdad? Él te dice: Hijo (a), yo quiero ayudarte. No temas, porque yo estoy contigo; no desmayes, porque yo soy tu Dios que te esfuerza. Pero, Dios no hace las cosas por nosotros. La Palabra de Dios es la que cambia nuestros patrones de pensamientos, pero debemos ponerla por obra.

III. Hoy Es Tiempo De Cambios

A. El apóstol Pablo, cuando enseña a los Efesios, entre otras cosas, les dice: "Quítense de vosotros toda amargura, enojo, ira, gritería, maledicencia y toda malicia". No dice: Dios les quitará, ¡No! Dice: Háganlo ustedes: ¡Quítense…!

B. Nos dice también la Palabra de Dios en Eclesiastés, que todo tiene su tiempo, y ¡Este es el tiempo para renovarnos! ¡Hoy es el tiempo, éste es tu día! Es una oportunidad para olvidar los males del pasado, que te han impedido avanzar en el camino de perfección que Dios tiene delante de tus pies.

Conclusión:

Todos podemos cambiar nuestras viejas costumbres, renovando nuestra mente de día en día con la ayuda del Señor Jesucristo, creyendo a Sus promesas. Hoy es el tiempo para levantarte, es tiempo de barrer tu casa espiritual y hacer los cambios necesarios, para vivir de manera diferente de ahora en adelante. El pasado ya se fue, el futuro lo tenemos al frente. ¿Deseas comenzar de nuevo? ¡Hoy es el tiempo para que decidas cambiar!

Preguntas:

1. ¿Por qué a la gente le cuesta cambiar sus viejos patrones de conducta?
- Su familia, amigos y el entorno los han educado de tal manera.
- Se han acostumbrado a su estilo de conducta.
- Creen que no pueden cambiar.

2. A qué se refiere la Palabra de Dios, cuando dice: ¿no os conforméis a este mundo?
- Que no debemos tomar la forma de vivir que este mundo tiene.
- La mente del mundo es contraria a la mente de Dios.
- La amistad con el mundo es enemistad con Dios.
- Debemos rechazar el pecado y la vanidad que desean envolvernos.

3. ¿Cómo podemos transformarnos por medio de la renovación de nuestra mente?
- Cambiando nuestra grabación mental e introduciendo la Palabra de Dios.
- Olvidando viejas heridas, ofensas, dolores, infidelidades, y traiciones.
- Rechazando los pecados que nos hicieron caer a lo largo del camino.
- Perdonándonos por los errores cometidos.
- Creyendo la Palabra de Dios y permitiendo que él nos transforme.

4. ¿Le gustaría ser un sacrificio agradable a Dios? ¿Cómo puede lograrlo?- Respuesta personal.

Finalmente

A. Comparta la visión para el grupo según las instrucciones de sus superiores.

B. Planear la reunión para la próxima semana: Use la hoja de metas y planeación semanal del grupo. Lo anterior lo encontrara en la sección: Dinámica Para Cada Lección, página 15.

C. Dé, los anuncios y servicios de la iglesia.

Le ayudamos a **desarrollar** el sueño de

Escribir su libro!

Diseño Gráfico - Impresión Litográfica / Digital

Despierta tu Ministerio
36 TEMAS QUE GUIARÁN A OTROS A LOS PIES DE CRISTO
MARIO OSEGUERA
Liderazgo Con Excelencia
Mario Oseguera
Equipando A Sus Líderes Para El Crecimiento
Un hombre, a quien Dios levantó de la nada dice:
Si Vives con Visión los Recursos Aparecen
Mario Oseguera

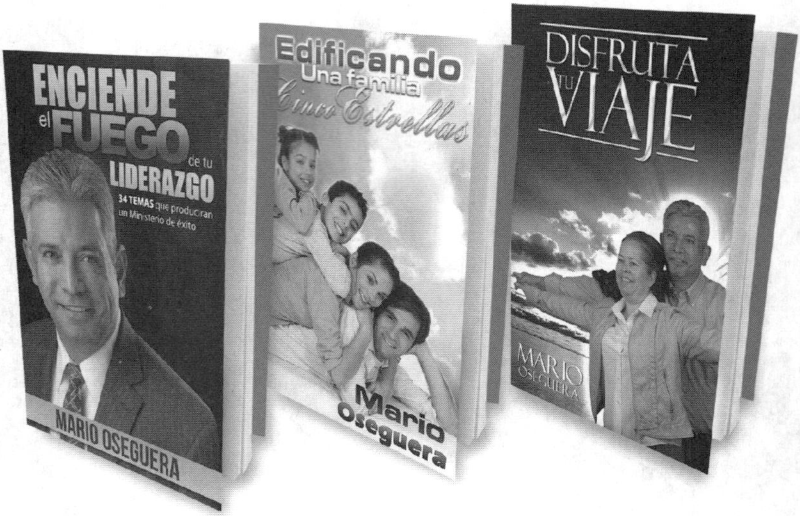
ENCIENDE el FUEGO de tu LIDERAZGO
34 TEMAS que producirán un Ministerio de éxito
MARIO OSEGUERA
Edificando Una familia Cinco Estrellas
Mario Oseguera
DISFRUTA TU VIAJE
MARIO OSEGUERA